날아온 산, 사람들 그리고 날뫼북춤

캐릭터 소개

대구시 무형문화재인 비산농악의 독립적인 군무인 날뫼북춤을 캐릭터로 디자인하였다.
날뫼북춤의 특징인 남성군무에서 오는 강인하고 장중한 북춤의 춤사위를 계승하는 소년의 이미지로, 일반 시민들에게도 가까이에서 친숙하게 접할 수 있도록 캐릭터화함으로써 이를 통해 비산농악의 날뫼북춤의 전통과 유례를 홍보하고 있다.

- 이름 : 날뫼돌이
- 특기 : 북치고 노는 것을 으뜸으로 여기고 있는 개구쟁이

계명영남학총서 2

날아온 산, 사람들 그리고 날뫼북춤

유 대 안

계명대학교출판부

책머리에

우리나라에서 끈으로 어깨에 메고 북을 치는 민속북춤에는 호남지방의 진도북춤과 영남지방의 밀양오북춤 그리고 날뫼북춤이 있다. 진도북춤과 밀양오북춤은 북춤의 명칭에서 진도와 밀양이라는 지역을 나타내는 말이 포함되어 있다. 날뫼북춤 역시 지역의 명칭이 들어가 있는데 날뫼북춤에서 '날뫼'는 대구광역시 서구 비산동에 소재하고 있는 작은 동산을 지칭하며 '날아온 산'이라는 뜻이다. 따라서 날뫼북춤은 대구광역시의 날뫼를 중심으로 전승되어온 북춤을 말한다.

이 책은 날뫼북춤에 대하여 기술한 책으로서 제1장 '날아온 산'에서는 날뫼북춤의 기원에 대하여 다루었다. 제2장 '날뫼의 사람들'에서는 날뫼북춤의 산 증인인 김수배를 비롯한 날뫼의 사람들과 비산농악, 날뫼북춤의 역사를 다루었으며, 제3장에서는 '날뫼북춤' 열두 마당의 주요 춤사위와 장단을 설명하였다. 이 장에서 각 마당의 춤동작이나 장단이 설명되어질 때 정간보와 함께 장단에 따른 북잡이의 춤동작 사진을 표에 넣어 가능한 연행에 실제적인 도움이 되도록 하였다. 그리고 제4장 '날뫼북춤의 장단보'에서는 전체 열두 마당의 장단을 채록하여 장단보로 옮겼다. 앞 부분은 날뫼북춤의 지침서가 될 수 있도록 정간보를 사용하였는데, 이 때 사용되어진 표기법이나 구음은 현행의 날뫼북춤 연행자들이 사용하고 있는 방식을 그대로 따랐다. 그리고 뒷 부분은 우리 음악의 세계화를 위하여 장단보를 서양악보로 표기하여 서양보에 익숙한 사람들에게 날뫼북춤이 친숙해지도록 하였다.

이 책이 나오기까지 애써주신 모든 분들께 진심으로 감사의 말씀을 드린다. 특히 날뫼북춤과 비산농악을 위하여 한 평생을 바쳐온 북춤의 예능보유자 김수배 옹과 날뫼북춤을 재구성할 당시 고증을 비롯하여 이 저술이 있기까지 조언을 아끼지 않으셨던 대구광역시, 경상북도 문화재 위원이신 성병희 박사님께 깊은 감사의 말씀을 드린다. 날뫼북춤의 수북 김종국과 상쇠 윤종곤, 그리고 날뫼북춤 단원들과 날뫼북춤을 사랑하는 모든 분들께 감사드린다.

저자는 이 책이 날뫼북춤 뿐만 아니라 우리 풍물과 관련하여 소중한 기초 자료가 되기를 바라며, 우리의 것을 사랑하고 우리의 것을 전승하기 위하여 지금도 노력하고 있는 모든 분들께 이 책을 바친다. 마지막으로 이 책을 계명영남학총서로 출판해주신 계명대학교출판부에 심심한 감사를 드리는 바이다.

2006년 6월

대구의 상인동에서

유 대 안

차 례

제1장

날아온 산

1. 날뫼의 전설

전설에 의하면 아주 먼 옛날 달구벌(達句伐)[1]에 있는 작은 산들은 북서쪽 방향에 있는 와룡산(臥龍山)[2]으로 모이도록 되어 있었다. 작은 산들 중에는 현재 달성공원에 있었다던 동산도 와룡산으로 이동하기 위하여 구름처럼 하늘 높이 날아가고 있었다. 이 때 '달성(達城, 현 달성공원)' 주변의 '달천(達川, 현 달서천)'[3]이라는 냇가에서 한 아낙네가 빨래를 하고 있었다. 때마침 그윽한 풍물소리가 서쪽 하늘에서 들려와 여인은 빨래를 하다 말고 소리 나는 쪽을 쳐다보았다. 맑은 하늘에는 먹구름 같은 커다란 산이 둥둥 떠

---

1) 달구벌은 대구(大邱)의 옛 지명이며 원래의 뜻은 넓은 평지를 말한다.
2) 와룡산은 대구광역시 달성군 다사읍에 소재하고 있는 산으로서 대구의 중심부로부터 북서쪽에 위치하고 있으며 승천하지 못한 용이 누워있다고 해서 '와룡산'이라고 명하였다.
3) 예전에는 경부선 철로 양편으로 큰 못과 작은 못이 있었는데 이 못의 물은 달서천으로 흘러 금호강을 거쳐서 낙동강에 합류하였다.

가고 있었다. 소스라치게 놀란 여인은 외마디 비명을 지르듯 "산이 날아간다!"라고 고함을 질렀다. 달성에서 뿌리째 들려 집결지로 날아가고 있던 동산은 여인의 고함 소리에 부정을 타게 되었다. 부정을 타게 된 동산은 더 이상 날아갈 수 없어 그만 그 자리에 떨어지고 말았다.

원래 평지였던 곳에 날아가던 산이 떨어져 작은 산이 생기게 되었는데 이후 동네사람들은 날아온 산이라 하여 '날뫼'라고 명하였다. 순수한 우리말인 '날뫼'를 한문으로 옮기면 비산(飛山)이 된다. 이 마을에는 예로부터 달성의 산을 신모신앙으로 하는 전설이 지금까지 전해 내려오고 있다. 이것은 대구 비산동의 지명설화이기도 하며 동시에 동명(洞名)의 유래가 된 것이다. 지금도 이 지역 고로들은 날뫼 주변의 동네를 '날뫼마실'이라고 부른다.

오늘날 비산동은 대구광역시라는 대도시의 중심부에 위치하고 있으며 날뫼동산의 가장자리부터 정상까지 빈틈없이 집들이 빼곡히 들어서 있다. 동산을 정점으로 하여 주변 길들은 '날뫼1길', '날뫼2길', '원고개1길', '원고개2길' 등으로 표기되어 있다. 동산의 정상에는 '날아온 산봉우리'라는 뜻을 지니고 있는 비봉(飛峯)초등학교가 있다. 1986년에 개교한 이 학교는 대구광역시 서구 교육청으로부터 민속놀이 전수학교로 지정받았으며 비산농악과 날뫼북춤을 비롯한 지역의 각종 민속놀이를 개발하고 전승하는 데 역점을 둔 학교이다.

비봉초등학교가 세워지기 이전인 1970년대까지만 해도 동산의 봉우리에 '날뫼당산'이라는 당산집이 있었으나 지금 이 자리에는 비봉초등학교 주차장이 있을 뿐이다. '날뫼당산'이 이곳에 있었을 당시만 해도 해마다 정월 보름이면 마을에서 동제를 지냈으며, 군대에 간 자식을 둔 부모가 이곳에서 자식을 위하여 치성을 드리면 아들이 무사히 집으로 돌아올 수 있었다고 하였다.

이 일대에서는 조선 선조41년(1608년) 해주 오(吳)씨, 인동 장(張)씨, 경주 최(崔)씨의 성을 가진 사람들이 이주하여 정착촌을 이루어 살았다. 이들은 이곳에 정착한 이후부터 지금까지 17대를 이어 내려오고 있으며 이웃동네사람들은 이곳에 이주한 사람들의 3대 성을 따서 '오장최 마을'이라고 불렀다.

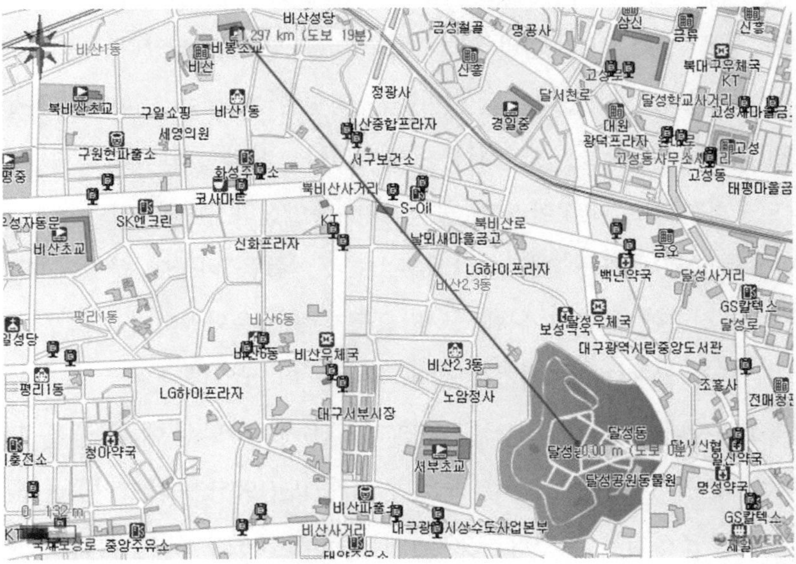

<그림 1> 달성공원과 날뫼의 정상(비봉초등학교)

동산이 이동되기 전, 원래 날뫼가 있었다던 자리인 '달성'은 오늘날 달성공원으로 조성되어 있으며 시민을 위한 휴식공간으로 이

용되고 있다. 공원의 테두리는 성곽으로 이루어져 있지만 성곽의 중심부에는 동산이 옮겨간 것처럼 넓게 움푹 파인 듯한 흔적이 남아있다. 이 부분의 면적은 약 2만㎡ 정도인데 날뫼 밀자락의 면적과 비슷하다는 점이 매우 흥미롭다. 그리고 이곳으로부터 날아갔다는 동산, 즉 날뫼는 달성공원으로부터 북서쪽으로 약 1.3km 거리의 북비산네거리 부근에 위치하고 있으며 높이는 평지에서 25.6m 정도로 그다지 높지 않은 작은 동산에 불과하다.

기록상으로 볼 때 '달성'의 역사는 신라시대 때부터 시작된다. 신라 점해왕(沾解王)15년(261년)에 조정에서 백성들로 하여금 이곳에 성을 쌓게 하고 나마극종(奈麻克宗)을 성주로 삼았다는 내용이 삼국사기에 실려 있다. '달성'이라는 명칭은 '달구화(達句火)', '달구벌(達句城)', '달불(達佛)'에서 유래되었다. 신라시대 때는 대구를 '달구화현(達句火縣)'이라고 불렀으며 통일신라시대의 경덕왕(景德王)16년(757년)에는 '대구현(大邱縣)'으로 이름을 바꾸어 불렀다. '달성'은 신라에 합병된 뒤에 군사 요충지로 사용되었으며, 그 후 고려 공양왕2년(1390년)에는 토성에 석축을 더 쌓았다.

조선시대에 들어와서 선조29년(1596년)에는 '달성'에 석축을 더 쌓았고 여기에 경상감영을 두었다. 광무5년(1905년)에는 이곳을 공원으로 조성하게 되었다. 1963년에는 사적 제62호로 지정되었으며, 1970년에는 동물원으로 개원되어 지금까지 일반인에게 공원으로 개방되고 있다.

'달성'의 성곽을 쌓은 방식은 경주의 월성(月城)처럼 평지에 있는 낮은 구릉을 이용하여 축성한 토성과 유사한 방식인데 이러한 기법은 우리나라에서 흔치 않은 축성방식이다. 지금도 성벽의 아래층에는 옛날 사람들의 조개무지 유적이 남아있으며 통나무로 울을 쌓은 목책(木柵)의 흔적도 남아있다. 성벽 전체의 둘레는 약 1.3km 이며 높이는 4m 정도로 성의 규모가 그렇게 크지 않다.

2. 원(員)고개와 달구벌 목민관(牧民官) 추원제(追遠祭)

1) 원고개

대구광역시에는 도심부인 대구역에서 서대구고속도로 진입로까지 8차선의 '북비산로'가 뻗어 나 있다. 대구역에서 북비산네거리를 지나 '북비산로' 2.5km 지점에 이르면 경사진 오르막길에 이르게 된다. 과거의 이곳은 고갯마루였는데 날뫼에서 남쪽으로 비스듬히 펼쳐져 있는 언덕으로 이 언덕을 '원고개'라고 한다. 이 언덕에는 조선시대 때부터 달성공원 방향으로 통과하는 관도(官道)가 나 있었다. 당시 한양에서 대구 경상감영에 이르는 관도는 지금의 경북 장천(長川)과 칠곡(漆谷)을 거쳐 금호강(琴湖江)에 다다랐다. 나룻배를 이용하여 금호강을 건너면 넓은 들판을 가로질러 날뫼의 언덕을 넘게 된다. 관도는 언덕을 넘어 달성을 옆에 끼고 지금의 경상감영이 있는 곳까지 이어진다.

지금도 이 언덕 주변에는 당시 관도의 흔적 일부가 남아있는데 북비산네거리에서 달성공원 방향으로 비스듬히 나 있는 '인동촌시장'[4] 길이 당시 관도의 일부분이다. 현재는 아스팔트로 포장된 길

---

4) '인동촌 시장'은 일명 '305번지'라고 불려지기도 한다. 이 시장은 달성공원 우측

이지만 포장되기 전에는 좁고 비탈진 길로서 비만 오면 장화를 신고 다녀야 할 정도로 험한 길이었다. 수십 년 전까지만 해도 '인동촌시장' 길가 언덕 위에는 천왕모습이 그려져 있는 사당의 담 일부분이 남아 있었으며 그 옆에는 썩은 고목나무 뿌리에 새끼줄이 쳐져 있었다. 그러나 지금은 사당과 고목의 흔적은 없으며 대신 그 자리에는 2층 상가주택[5] 건물이 들어서 있다.

옛날부터 사람들은 사당과 고목이 있는 이곳을 지나다니면서 돌을 하나씩 올려 치성을 드렸는데 이 돌들이 쌓여 작은 돌산이 되었다. 이렇게 돌을 쌓아서 만든 산을 조산(造山)이라고 하며 조산을 비롯하여 사당과 고목의 세 부분은 서로 짝을 이루고 있다. 구전에 의하면 약 400년 전, 이 주변 지역에서 계속된 가뭄과 돌림병으로 인하여 많은 사람들이 죽었으며 또한 민심이 흉흉하여 마을 주민들은 이 언덕에 흙으로 당집을 짓고 치성을 드렸다고 한다. 일제시대 때 이곳에 방공호를 만들기 위하여 사당을 제거하고 땅을 파보니 세 소쿠리 가량의 엽전이 나와 주위 사람들을 놀라게 하였다고 한다. 이 지역이 근대화되기 전까지만 해도 언덕 길 가에는 나그네가 쉬어갈 수 있도록 주막이 한두 채 있었지만 지금은 흔적을 찾아볼 수 없다.

조선시대에 한양으로부터 대구에 원님이 부임할 때 원님의 행차가 멀리 금호강을 건너 들판을 지나 이곳으로 다가오면 마을 사람

의 원고개 방향으로 올라가는 좁은 길 주변으로 형성되어 있는 작은 시장이다. 이 시장 중앙을 가로지르는 길이 바로 조선시대부터 대구로 드나드는 관도(官道)였다.

5) 고목이 있었다던 자리에는 현재 2층 상가건물이 지어져 있으며, 현 주소는 대구광역시 서구 비산1동 2-1번지이다.

들은 이 언덕 위에서 풍물을 울렸다. 한양으로부터 며칠씩 먼 길을 행차하여 이곳까지 오는 동안 피로에 지친 원님의 심신을 위로하는 뜻으로서 동네 풍물패는 풍악을 울리면서 원님을 환대하였다. 또한 원님이 이 지역에서 임기를 마치고 다시 한양으로 돌아갈 때도 마을 사람들은 이곳에서 원님을 처음 맞이하였을 때처럼 풍물을 울리면서 전송하였다.

날뫼북춤에 관한 유래는 조선시대 때 이곳에 부임하였던 어느 원님의 이야기로부터 시작된다. 조선 중엽, 이 지역 백성들로부터 매우 존경을 받았던 한 원님이 정사(政事)를 돌보다가 갑자기 순직하게 되었다. 이곳 사람들은 원님을 처음 맞이했던 장소인 날뫼의 언덕에 정성을 다하여 원님의 묘를 썼다. 그리고 이곳에서 마을 사람들은 돌아가신 원님의 혼령을 달래기 위하여 춘추로 제사를 지냈다. 그럴 때마다 마을 사람들은 원님을 처음 맞이했을 때처럼 풍물을 울렸다. 이 때부터 이 언덕을 원님의 무덤이 있는 언덕이라 하여 '원고개'라고 명하였다.

예로부터 영남지역에서는 망자(亡者) 주위에서 쇠 소리를 내지 않는 관습이 있으므로 상여가 나갈 때 요령(搖鈴)이나 꽹과리를 사용하지 않는다. 호남지역에서는 상여가 나갈 때 모든 풍물을 함께 사용하지만 영남지역에서는 금부(金部)의 소리를 금기시하여 요령이나 꽹과리 대신 북을 치면서 선소리를 메기는 경우가 많았다. 실제로 6·70년대까지만 해도 영남지방에서는 상여가 나갈 때 북을 치면서 선소리를 메기는 것을 흔히 볼 수 있었다.

이러한 연유로 마을 사람들이 원님의 무덤에서 제사를 지내는 동안 풍물 중 금부인 꽹과리를 사용하기보다는 혁부(革部)인 북을 위주로 하여 사용하게 되었다. 이 때부터 이 지역의 비산동 농악, 즉 비산농악이 다른 지역의 농악에 비하여 북잡이의 숫자가 많아졌다. 이것은 이 지역에서 자생된 비산농악이 다른 지역의 풍물과 뚜렷한 차이를 갖는 중요한 특징이 되었으며 자연스럽게 북잡이들에 의한 북놀이가 발달하게 되었다. 이와 같이 비산농악에서 잘 발달된 북잡이들의 북놀이 부분을 따로 분리하여 재구성한 것이 바로 날뫼북춤이다.

2) 달구벌 목민관 추원제

조선 중엽 원고개에서 지내왔다던 원님에 대한 제사가 언제부터 중단되었는지 정확히 알 수 없다. 그러나 오랜 세월동안 제사가 이어오지 못하였던 것은 분명한 사실이다. 2003년에 들어와서 <비산농악 · 날뫼북춤 보존회>[6]에서 돌아가신 원님에 대한 제사를 복원하였다. <비산농악 · 날뫼북춤 보존회>에서는 해마다 12월이 되면 '달구벌 목민관 추원제'라고 하여 당시 원님의 묘가 있었던 자리인 '원고개시장'[7]에서 제사를 지낸다.

---

6) <비산농악 · 날뫼북춤 보존회>는 한 개의 단체 내에 비산농악과 날뫼북춤을 함께 보존회로 구성하고 있는 형태이다. 이 보존회는 김수배 옹을 단장으로 약 80명 가량의 단원으로 구성되어 있으며 대구광역시 서구 평리2동 1097-23번지에 본부를 두어 활동해오고 있다.

7) 날뫼의 남쪽에는 언덕이 형성되어 있으며 4 · 50년 전까지만 해도 이 일대는 참나무 숲이었지만 지금은 완만한 언덕에 도로와 주택 및 상가로 이루어져 있다. 날뫼의 정상에서 남쪽 방향으로 200m 정도 아래쪽 언덕기슭 좁은 골목 사이에 상가

'달구벌 목민관 추원제'는 <비산농악 · 날뫼북춤 보존회> 단원들뿐 아니라 비산1동장, 비산1동경로회장 등, 이 지역의 대표들도 함께 참석한다. 또한 날뫼북춤 단체가 있는 학교에서도 북춤 단원들이 함께 참석하는데 길놀이부터 추원제를 함께 한다. 뿐만 아니라 원님에 대한 제사가 드려질 때, 시장 상인들과 지나가는 사람들도 추원제를 지켜보며 당시 이 지역에서 존경받았던 목민관에 대하여 함께 예를 올린다.

추원제를 시작하기 전, 우선 <비산농악 · 날뫼북춤 보존회> 단원과 비봉초등학교, 비산초등학교, 북비산초등학교 그리고 대구북중학교의 북춤단원들이 추원제가 열리는 장소인 '원고개시장'까지 길놀이를 한다. 길놀이를 통하여 각 북춤 단체들이 모이면 날뫼북춤 예능보유자인 김수배 옹의 인사말씀과 이 지역 대표자의 축사가 이어진다.

추원제의 과정은 일반 가정에서 조상에게 드리는 제사와 흡사하다. 우선 제사음식을 법식에 따라 차려놓는 진설(陳設)을 하는데 '달구벌 牧民官 神位'라고 적은 위패를 중앙에 모신다. 진설이 끝난 다음 원님의 혼을 불러오는 강신(降神)을 하고 신주에게 절을 올리는 참신(參神)을 한다. 참신을 할 때 지역 대표자가 절을 하지만 모든 단원들이 함께 제배한다. 참신을 한 후 신주에게 첫 술을 따르는 초헌(初獻)을 하고 날뫼북춤 예능보유자 김수배 옹은 독축(讀祝)한다. 원님의 혼령에 대한 독축의 축문은 다음과 같다.[8)]

와 시장이 형성되어 있는데 이 시장을 '원고개시장'이라고 한다. 현재 목민관 추원제가 열리고 있는 장소는 비산1동 709-4번지 일대이다.

8) 2004년 12월 18일 원고개시장에서 드려졌던 '달구벌 목민관 추원제'의 축문내용이다.

<그림 2> 달구벌 목민관 신위

祝文

維歲次甲申年十一月辛丑朔初七日辛未
大邱廣域市 西歐廳長尹晋敢昭告于
土地之神 伏以大邱飛山鼓舞 由來深遠 繼承傳統
傳授千秋 無窮發展 區民所願 今以吉辰敬典
酒牲敢告微枕 神其保佑 謹告虔告

(유세차갑신년십일월신축삭초칠일신말
대구광역시 서구청장윤진감소고우
토지지신 복이대구비산고무 유래심원 계승전통
전수천추 무궁발전 구민소원 금이길진경전
주생감고미침 신기보우 근고건고)

독축이 끝난 다음 두 번째 술을 올리는 아헌(亞獻)을 하며 이어서 마지막 세 번째 술을 올리는 종헌(終獻)을 한다. 종헌을 한 다음 혼령에게 드려진 음식과 술을 거두는 유식(侑食)을 하며 수저를 내린다. 그리고 마지막 의식인 사신(辭神)을 한다. 사신은 원님의 혼령이 모셔진 신위를 향하여 모두 제배하고 혼령을 떠나보내는 의식인 축문을 불에 태운다. 이 과정이 끝난 후에는 제사상에 차려진 음식을 뒤로부터 내리고 단원들은 주위 구경꾼들과 제사에 올려진 음식을 음복한다.

<그림 3> 목민관 추원제에서 김수배 옹이 독축하는 장면

원님에 대한 제사가 모두 끝난 다음 과거에 울렸다는 한 판의 풍물을 울린다. 그러나 원님의 묘가 있었다는 이곳은 현재 복잡한 시장으로 이어지는 좁은 골목이어서 과거처럼 이 자리에서 판굿을 벌일 수가 없다. 그래서 단원들은 제사를 지낸 후 곧바로 250m 가량 떨어진 북비산네거리에 있는 원고개시장 입구 마당에서 한바탕 북춤을 춘다. 이 때 추는 춤이 바로 날뫼북춤이다.

제2장

날뫼의 사람들

아무리 척박한 땅일지라도 사람들이 발을 내딛는 순간 그곳에는 새로운 문화가 형성되기 마련이다. 이 땅에 선조들이 남겨 놓은 발자취는 오늘날 민족 문화 창달의 밑거름이 되었다. 지형적으로 태백산맥과 소백산맥으로 둘러싸인 영남지역에서는 독립적인 문화가 형성하게 되었고 사람들 간의 공동체적 삶이 두드러지게 나타나게 되었다. 영남지역에서도, 특히 날뫼를 중심으로 하여 살고 있는 사람들은 과거부터 이곳에서 삶의 터전을 가꾸어 온 사람들이다. 그들은 이 땅에 토착화된 문화의 주체자로 살아갔으며 다음 세대에서도 동일한 방식으로 살아갈 것이 분명하다.

이 지역은 순직한 어느 목민관에 대한 숭상의 예가 서려있는가하면 지역민들의 순박한 정서가 반영되어 있다. 그들은 만물의 이치에 따라 하늘을 우러러 받들고 땅을 일구어 섬겼던 백성들이다. 그들은 기쁠 때나 슬플 때를 막론하고 삶의 모든 질곡을 소리로써 표현하였다. 소리는 항상 그들의 삶에서 함께 해왔고 함께 울고 웃었다. 우리 민족에게 있어서 풍물소리는 어떤 공간에서든지 하나의 목적을 이루어가는 중요한 도구로 사용되었다.

본장에서는 풍물로 말하려고 하였던 사람들의 삶을 투영시켜 그들의 소리에 귀 기울여 볼 것이다. 영남지역의 날뫼를 중심으로 자생되어 온 비산농악과 비산농악에서 정월 대보름 동제인 천왕메기 그리고 날뫼북춤을 이끌어 왔던 김수배 옹(金壽培, 1927년생)과 이들과 관련된 주위 사람들에 대하여 그들의 역동적인 삶과 신명을 들어보기로 한다.

1. 예능보유자 김수배

날뫼븍춤은 1983년 10월 23일 안동시에서 개최된 제24회 전국민속예술경연대회에 처음으로 출전했다. 이 대회를 계기로 날뫼북춤은 이듬해인 1984년 7월 25일 대구광역시로부터 지방무형문화재 제2호로 지정받았다. 그 후 2년 뒤 1986년 12월 5일 날뫼북춤의 수북인 김수배는 대구광역시로부터 예능보유자 제1호로 지정받았다.

날뫼북춤이 대구광역시의 지방무형문화재로, 김수배 자신이 예능보유자로 지정받기까지 수많은 노력이 있었다. 그는 6·25전쟁 이후 사라질 뻔했던 비산농악을 발굴하여 맥을 이어오는 데 중요한 역할을 하였다. 그의 집념어린 헌신과 불굴의 노력이 있었기 때문에 오늘날 비산농악이 전승될 수 있었으며 날뫼북춤이 태동하게 되었다. 이렇듯 김수배 옹이 한 평생 풍물에 바쳐온 남다른 열정이 없었다면 이것들은 불가능하였고 지금쯤 사라지고 자취를 감추고 말았을 것이다.

1) 어린 시절과 성장과정

날뫼북춤의 예능보유자 김수배 옹은 1927년 7월 25일 경상북도 청도군 각북면 오리동에서 평범한 농부의 8남매 중 둘째 아들로 태어났다. 그의 부친은 김현주(金顯周)이며, 모친은 충주 석(石)씨 가문으로 이름은 두내(斗內)이다. 김수배의 고향은 대구광역시와 청도군의 경계지점인 비슬산 아래의 전형적인 시골이었다. 그는 어려서부터 심성이 매우 고왔으며 당시 대부분의 시골 아이들처럼 그도 열 살 남짓 되던 때부터 부모님의 일을 돕기 위하여 집안일은 물론 들판의 모심기까지 부모님께 배우고 익혔다.

한참 호기심이 많은 시기에 김수배는 명절이나 동네잔치에서 울리는 풍물소리와 풍물패들의 화려한 의상에 매료되었다. 어린 나이임에도 불구하고 그는 동네에서 벌어지는 풍물패들의 놀이를 빠짐없이 구경하다보니 풍물놀이의 매력을 알게 되었고, 따라서 자연스럽게 또래 아이들보다 먼저 풍물소리를 익히게 되었다. 어린 김수배는 동네에서 지내는 천왕제[9]를 보고 천왕제의 진행과정과 사설을 거의 다 외울 정도로 매우 총명하였다.

김수배가 열여섯 살 되던 해에 여느 때처럼 동네 어른들이 풍물을 치고 있는 광경을 구경하고 있었다. 그는 풍물 치는 것을 구경하다가

9) 천왕제(天王祭)는 정월 보름을 전후하여 천왕에게 제사 드리는 동제(洞祭)로 상당, 중당, 하당 자리의 세 천왕을 먹인다는 뜻에서 천왕메기라고 한다.

문득 북을 쳐보고 싶은 마음이 생기게 되었다. 풍물을 치고 있는 어른께 북을 한 번 쳐보고 싶다고 말씀드렸더니 그 어른이 치고 있던 북을 김수배에게 건네주면서 북을 쳐보게 하였다. 난생 처음 북채를 잡은 김수배이지만 "쿵- 쿵- 쿠쿵-" 하고 아주 정확하고 힘 있게 한 장단씩 쳐내려갔다. 김수배가 치는 북소리가 정확하게 맞아 들어가니 옆에서 듣고 있던 어른 중 한분이 김수배를 칭찬해 주었다.

"야, 이놈 아주 북을 잘 치는구나! 내일도 여기에 나오너라."

이 말을 들은 김수배는 자신의 귀를 의심하지 않을 수 없었다.

"정말로 내일부터 북을 쳐도 된다는 말입니까?"

그는 날아갈 듯 기분이 좋았다. 그 후로부터 김수배는 동네 풍물패에 나와서 어른들과 함께 복색을 갖추고 그가 원하던 북을 치게 되었다.

당시 우리나라 백성들은 일제에 의해 한 해 동안 지은 농사의 곡물을 일본사람들에게 모두 빼앗기고 깻묵을 배급받아 끼니를 연명하던 때여서 모두가 궁핍하였다. 김수배의 집도 마찬가지로 여의치 않은 살림에 남의 일을 하여 양식을 얻는 등 힘든 생활을 해야 했다. 어려운 생활 가운데서도 부친께서는 자녀들에게 무엇이든지 배울 수 있도록 해 주셨다.

"노는 입에 염불하고 손발은 일하라."

"네가 치는 북이라도 잘 쳐라."

부친께서는 둘째인 수배에게 북을 치도록 허용해 주셨고 한걸음 더 나아가서 용기를 북돋아 주셨다. 그 당시만 해도 우리 사회에서는 풍물 치는 사람을 천시하는 풍조가 있었다. 더욱이 부친께서 앞날이 창창한 젊은 아들에게 풍물을 치도록 허락하였다는 것은 그리 쉬운 일이 아니었다. 그렇다고 해서 부친께서 풍물과 인연이 있었던 것은 더더욱 아니었다.

김수배가 열아홉 살이 되던 해에 우리 민족은 일제의 속박으로부터 해방을 맞이하였다. 그해 12월 28일 김수배의 가족은 정든 고향 청도의 시골 마을을 떠나서 대도시인 대구로 이사하게 되었다. 부친은 고향의 집을 당시의 돈으로 2천8백 원에 팔고 대구의 달성공원 옆 비산동에 새 집을 샀다. 사실, 새 집이라고 해봐야 사람이 허리를 구부려야 겨우 방에 들어갈 정도의 작은 오두막집이었다. 당시 비산동 일대는 대구에서도 가장 낙후된 지역으로서 마실 물도 귀한 곳이었다. 집 밖으로 조금만 나가면 온통 숲이 우거진 참나무 밭이었다. 해가 떨어지면 늑대가 출몰하여 부녀자들이나 어린 아이들은 집 바깥으로 나다니지도 못할 정도였다.

김수배의 가족이 대구로 이사 온 지 얼마 지나지 않아 우리 민족의 고유명절인 설이 다가왔다. 새로 이사 온 동네에서 처음 맞이한 설날 아침이었다. 어디선가 풍물 소리가 귓전에 들려왔다. 김수배는 무엇에 홀리기나 한 듯 집에서 뛰쳐나와 소리 나는 곳으로 달려갔다. 그곳에 가보니 각시, 양반, 포수분장을 한 잡색들과 호화찬란한 복색 차림의 풍물패가 신명나게 농악놀이를 하고 있었다. 김수배는 넋이 나간 사람처럼 풍물패의 놀이광경을 한참동안이나 쳐다보고 있었다.

풍물패에서 꽹과리를 치고 계시던 어른 중 한분이 "너는 어디서 왔느냐?"라고 처음 보는 김수배에게 말을 건넸다. 김수배는 어른의 물음에 이사 온 지 얼마 되지 않았다고 대답을 한 후 고향 청도에서 그

랬던 것처럼 여기서도 북을 칠 수 있도록 그 어른에게 정중히 여쭈었다. 김수배는 어른으로부터 북을 받아 치게 되었고 북치는 솜씨를 인정받아 일찌감치 이 동네 농악대인 비산농악대에 발을 들여 놓게 되었다. 당시 비산동의 농악대에서는 키가 훤칠하고 인물이 출중한 분이 북을 쳤는데 그 분이 바로 김수배의 북 선생이었던 임문구였다.

김수배가 비산농악대에 처음 들어갔을 때 농악대의 구성은 꽹과리에 현경조(1907~?)와 이소명, 장구에 이석산, 최상근, 북에는 김문수와 그의 동생인 김귀수, 권봉길, 김장도, 강상호였다. 이들은 김수배의 선배이자 풍물 스승이었다. 징에는 설징으로 유명한 손명우가 있었으며 그 외의 징수로 김진학, 안상복, 곽삼득, 김윤구가 있었다.

당시만 해도 사람들은 지금처럼 각박하지 않았고 넉넉한 마음을 가지고 있었다. 무슨 행사가 있든지 농악대 단원들은 모두 참석하여 풍물놀이를 벌였다. 그 중 잡색들의 놀이를 비롯하여 북놀이가 매우 인상적이었다. 풍물패에서 북놀이 묘기를 보이면 주위에 구경하던 노인들은 덩실덩실 어깨춤을 추며 뛰어들어 함께 춤을 추었다. 주위에 사람들은 이들을 보고 '큰 무당'이라 하기도 하고 '화랭이 패[10]'라고도 별명을 붙여 주었다. 이러한 별명을 듣고도 김수배는 싫지 않았다. 무엇보다도 풍물 치는 것 자체가 마냥 기쁘고 즐거웠다. 부모님도 이제는 더 이상 풍물에 빠진 김수배를 막을 도리가 없었다.

그러나 김수배는 고향 청도에서 했던 것처럼 여기에서도 농악대를 따라다니며 열심히 북을 쳤지만 이것으로 돈벌이가 되지 않았다. 풍

---

10) 화랭이는 화랑(花郞)을 부르는 말이며 광대와 비슷한 놀이꾼으로 옷을 잘 꾸며 입고 가무와 행락을 주로 하던 무리이다. 이들은 대개 무당의 남편들이었다.

물을 치면서 이것저것 노동일을 함께 병행하였다. 그로부터 한 해가 지난 후 김수배는 '식량영단(食糧營團)'이라는 곡물 배급소에 취직을 하여 커다란 마차를 부리게 되었다. 그는 마차로 쌀 60kg을 집집마다 배달해 주는 일을 담당하였는데 청년 김수배는 당시에 기골이 장대하여 하루에 300가마니나 되는 쌀을 어깨에 메고 나를 정도로 무척 힘이 세었다. 그는 이 일을 하면서 식량영단으로부터 적지 않은 수입도 생기게 되었고 주위 사람으로부터 신용도 쌓아갔다.

이렇게 생활한 지 3, 4년쯤 지나지 않아 6·25전쟁이 발발하였다. 김수배는 형님과 함께 군대에 입대하게 되었다. 예순이 넘으신 부모님과 동생들을 두고 군대에 그것도 전쟁터에 나가야만 했다. 먹고살기 위하여 고향을 떠나서 이곳 타지에서 막 자리를 잡으려는 터에 두 형제는 목숨을 건 전쟁터에 나가야 한다는 것은 정말 받아들일 수 없는 현실이었다. 전쟁터에 나가 죽지 않고 살아 돌아올 수 있을지 아무도 장담할 수 없었다.

그는 집을 떠나면서 부모님에게 돈이 떨어지면 부리던 말(馬)을 다른 사람에게 주어 거기서 생긴 수입을 반반씩 나누어 쓰도록 하였다. 그래도 수입이 생기지 않으면 말을 내다 팔아 생활을 하시라고 말씀드렸다. 김수배에게는 목숨과도 같은 말이었지만 남아있는 식구들이 살아가기 위해 별 도리가 없었다.

전쟁을 치르는 2년 동안 김수배는 죽음의 고비를 수없이 넘겼다. 그는 중부전선 양구(楊口), 금화(金化) 378고지에서 중공군과 싸우다가 60mm 박격포탄에 양쪽 팔을 크게 다쳤다. 그는 동두천 야전병원에서 응급처치를 받은 후 경주 제18육군병원에 이송되어 입원하게 되었다. 그리고 4개월 후 명예제대를 하게 되었고 다시 집으로 돌아올 수 있게 되었다.

대구의 집에 돌아와 보니 다행히 함께 군대에 갔던 형님도 제대하여 돌아와 계시고 부모님과 가족들도 모두 무사하였다. 그러나 부친께서 전쟁 통에 집만 팔지 않았지 부리던 말과 돈이 되는 물건은 모조리 다 내다 팔아버리고 집 외에는 아무것도 없었다. 가족에게 가장 중요한 수입원이 되었던 말과 수레가 없었다. 모든 상황이 암담했지만 김수배는 전쟁에서 다친 몸이 차츰 회복되면서 할 일들을 찾아 나섰다. 청년 김수배는 생의 의욕과 자신감이 넘쳐났다. 왜냐하면 그는 수없이 넘었던 전장의 사선에서 살아남은 불굴의 의지로 무장되어 있었기 때문이다.

김수배는 일수를 하는 이웃집에 가서 장사 밑천으로 일백만원을 1할의 이자로 차용하였다. 그 돈으로 여자들이 입는 월남치마와 남자들이 입는 잠바를 구입해서 다른 동네로 팔러 나갔다. 당시만 해도 다른 동네에 들어가기가 쉽지 않던 시절이어서 김수배는 군대에서 입었던 군복을 입고 명예제대증과 훈장을 가슴에 달고 이 마을 저 마을을 누볐다. 어디를 가더라도 그의 군복차림과 명예제대증, 훈장이 그를 인증하는 보증수표였다. 한번은 옷을 팔기 위

<그림 4> 군대를 제대한 직후의 김수배

해 어떤 동네에 갔더니 마을의 이장 딸을 비롯하여 처녀와 총각들이 옷을 사고 싶어 야단들이었다. 하지만 옷을 사고 싶어 하는 그들 수중에는 돈이 한 푼도 없었다. 김수배는 이 사실을 마을 이장님에게 말씀드렸다. 결국 이장님이 책임지는 조건하에 한 사람당 2만원까지 한달 안에 갚을 것을 약속하고 외상으로 옷을 준 적이 있었다.

그는 옷 보따리를 지고 대구에서 출발하여 동해안의 포항을 거쳐 영덕, 영해, 평해, 울진, 삼척, 강릉까지 올라갔다. 이 때 둘째 매형과 함께 짐을 운반하며 다녔는데 이 분은 구변도 좋을 뿐 아니라 선풍도골이었다. 한번은 주막집에서 한 끼 끼니를 때우고 있는데 매형의 눈에 방구석에 장구가 있는 것이 보였다.

"아주머니 장구 한번 쳐 보세요."

매형은 굳이 장구 소리를 듣고 가겠다고 주인집 아주머니에게 거듭 부탁하였다. 부탁에 못이긴 아주머니는 장구로 범버궁이장단을 치는데 사실 그 마을에서는 상 장구였다. 그런데 아주머니가 장구를 친 지 한참이나 되었는데도 다른 장단이 나오질 않았다.

"안되겠다. 처남, 자네가 한번 쳐 봐라."

매형은 김수배에게 아주머니 대신 장구를 치도록 권유하였다. 김수배는 처음엔 사양하다가 장구를 받아들고 줄을 조여 부전을 갈고 장구채도 꽂았다.

"구궁궁궁 덕, 을~씨구나 절~씨구나 아니 놀지 못~하랴, 궁기덕 궁덕…"

동네 사람들이 이 광경을 보더니 "이 사람들은 옷장수가 아니고 영웅호걸들이다."라고 혀를 내둘렀다. 풍물을 가지고 다니지 왜 옷을 가지고 장사를 하느냐면서 장구치고 노래하는 실력이 아까운 듯 말했다. 그들은 옷 장사를 하면서 멀고 먼 동해안 길을 영웅호걸처럼 누비고 다녔다. 이제 겨우 약관을 지난 나이에 김수배는 옷 장사를 하면서 번 수입이 꽤 괜찮았다. 하지만 김수배는 풍물에 빠져 온통 바람이 나고 말았다.

2) 비산농악대 재창단과 걸립생활

전쟁의 난리 통에 이전에 살았던 동네 사람들은 뿔뿔이 흩어져 버렸고 전쟁 이전의 풍물꾼들은 몇 명 남아 있지 않았다. 30대에서 50대의 남자들은 군 노무자로 가서 고향으로 돌아오지 못한 사람들이 많았다. 비산농악대의 기수 이일동도 돌아오지 못 하였다. 당시 어용경찰에 근무하고 있던 임문구가 사표를 쓰고 집에 내려왔다. 임문구와 김수배는 해체된 농악을 재건하기 위하여 중요한 약속을 하였다. 김수배는 남아 있는 풍물꾼들과 함께 비산동을 비롯하여 평리동, 내당동, 대신동, 원대동, 달성동 등 동네마다 돌아다니면서 사람들을 모았다.

하나 둘씩 모인 사람들을 중심으로 전쟁 직후인 1953년 10월 20일 저녁 비산농악단을 재창단하는 첫 모임을 임문구의 집에서 가졌다. 모인 사람들은 약 스무 명 정도였으며 계의 명칭은 종전의 이름대로 대구 비산농악으로 정하였다. 단원에 계장 이소명, 상쇠 최봉수, 종쇠 임문구, 징수 손명우, 김진학, 북잡이 강상호, 김장도, 권봉길, 조창선, 김수배, 임봉구, 정만섭, 이영식, 장구 임상구, 이재

후, 김재만, 박만식이었다.

단원들은 매월 20일 김수배의 집에서 모이기로 하고 누구든지 3개월 이상 모임에 불참하게 되면 제명처분하기로 하였다. 이 모임의 회비는 월 2천이며 단원 중 그 달에 회비를 내지 못하면 다음 행사의 출연료에서 대신 지불하기로 하였다. 이후 비산농악단의 단원은 28명으로 늘었으며 쇠를 치는 사람 3명, 태평소 부는 사람 2명이었다. 그 중에 김복희는 역도선수로 활동한 사람이며 다른 한 사람은 김자연으로 지금도 생존해 있다.

당시 비산농악대는 주로 마산, 진주, 진해, 청도, 대구 등지에서 벌어지는 소싸움대회에 초청되어 삼사일간 풍물을 쳤다. 소싸움대회는 주로 각 지역별 대결로 이루어지는데 마산의 '범소', 진주의 '곰돌이', 청도의 '실둥소', 대구의 '천고덤소', 침산동 오종한의 소가 출전하여 경기를 벌였다.[11] 경기를 시작하기 직전이나 경기 도중에도 농악대는 풍물을 쳐서 소싸움의 분위기를 한층 고조시켰다.

대구에서는 시장마다 비산농악대의 발이 닿지 않은 곳이 없을 정도로 시장 곳곳에서 지신밟기를 하였다. 대구의 동서남북에 있는 큰 시장인 동부시장, 서문시장, 남문시장, 북부시장을 비롯하여 칠성시장, 영선시장, 대명시장, 반야월시장, 반고개시장 등 대부분의 시장 개장식에 초청되었다. 시장 개장식 때 비산농악은 장사가 잘 되기를 바라는 지신을 정성껏 밟아 주었다. 시장에서 걸립(乞粒)[12]

11) '범소', '곰돌이', '실둥소', '천고덤소'는 싸움하는 소의 별칭이다.
12) 동네에서 경비를 쓸 일이 있을 때 여러 사람들이 패를 짜서 각처로 다니면서 풍물을 치고 재주를 부리며 돈이나 곡식을 구하는 행위를 말한다.

을 할 경우 기간은 대체로 4, 5일 정도 걸렸으며 시장의 상인으로부터 적지 않은 돈이 거출되기도 하였다. 간혹 비산농악대의 출연료가 비싸다는 이유로 시장에서 다른 풍물패를 초청하여 지신밟기를 할 경우 지신밟기가 제대로 이루어지지 않았고 기능도 매우 약하여 비산농악의 그것과는 비교되지 않았다.

당시 건축업계 사장인 김두봉은 비산농악대가 시장마다 지신밟기를 할 때면 물심양면으로 도움을 주셨는데 김 사장은 김수배에게 각별하게 대해주었다. 간혹 시장에서 비산농악대가 아닌 다른 농악대를 초청하여 지신밟기를 한 경우 그는 시장의 담당상무나 담당재무를 불러서 "아무 농악대나 불러 지신밟기를 하게 하였다." 고 호통을 쳤다. 그리고 비산농악대가 가서 지신밟기를 다시 하도록 하기도 하였다. 뿐만 아니라 김 사장은 스스로 비산농악대에 입단하여 풍물계에 많은 돈을 찬조하였고 단원들을 부산, 서울, 인천 등지에 1박 2일 또는 2박 3일간 여행을 시켜주기도 하였다. 그는 주변에 일거리가 없는 사람들에게 일을 할 수 있도록 주선하여 주었고 동네 노인들에게 매번 점심식사를 대접하는 등 지역에서 훌륭한 일들을 많이 한 사람이었다.

한편 고향이 고령인 문봉현 회장은 필적이 매우 뛰어난 사람이었으며 그 지역의 유지였다. 당시 그의 형수 되는 분이 돌아가셨는데 그는 비산농악단에 상여소리를 하게 하였다. 비산농악 단원들 중 몇 명은 직접 상여를 매고 나머지 스무 명 정도는 북을 치면서 상여를 뒤따라 갔다. 이 때 김수배는 상여를 뒤따라가면서 회심곡(悔心曲)[13]을 하였

13) 회심곡은 원래 스님이 집집을 돌아다니며 돈이나 쌀을 동냥할 때 꽹과리를 치며

다. 김수배가 읊는 회심곡이 너무도 애절하여 상여를 뒤따라가는 사람들은 온통 눈물바다를 이루었다. 이를 계기로 문봉현 회장은 비산농악단의 크고 작은 행사 때마다 많은 도움을 주었다.

그 당시 꽹과리를 쳤던 사람은 대부분 나이가 많은 어른들이었으며, 김수배의 북 선생이었던 임문구는 글자를 깨치지 못하여 풍물단의 모든 살림을 젊은 김수배에게 맡겼다. 임문구와 김수배는 형제처럼 두텁게 정분을 쌓았다. 또한 풍물단의 단원들 간의 화합도 예전 못지않게 돈독하게 쌓아 나갔다. 재창단된 비산농악대는 이전처럼 정초에 지신밟기부터 시작하여 삼월 삼짓날, 오월 단오, 추석 등 우리 민족의 고유명절과 동네의 각종 크고 작은 행사에 앞장서서 흥을 돋우었으며 마을 사람들의 대동단결에 앞장섰다.

이 외에 비산농악대는 수익사업을 위하여 동네를 다니면서 포장 걸립을 하였다. 걸립을 하기 위하여 비산농악대가 이르는 곳마다 삼사백 명이나 되는 관중을 수용할 수 있도록 커다란 천막을 쳤다. 단원들의 끼니를 해결하기 위하여 천막 주위에 칸막이를 친 후 커다란 가마솥을 걸어놓고 밥을 하였다. 비산농악단의 단원들은 대구를 중심으로 경산, 청도, 현풍, 성주, 창천, 창녕, 창원, 경주, 울산, 진주 등지로 다니면서 떠돌이 생활을 하였는데 농악대가 한 곳에 천막을 치면 닷새를 머물고 하루에 네 차례 연행을 하였다.

먼저 본 행사가 시작되기 전 동네 주민들에게 비산농악대가 연행을 한다는 것부터 알렸다. 단원들 중 몇 명을 뽑아 복식을 갖추

어진 마음으로 착한 일을 많이 하여 공과 덕을 쌓으라고 축원하거나 덕담하는 소리이지만 보통 때에는 가택에서도 회심곡을 한다.

어 동네 골목을 다니면서 새납(태평소)을 불고 전단지를 뿌렸다. 그럴 때마다 동네 꼬마들은 물론 어른들까지 선전하는 단원들의 뒤를 따라다녔다. 본 행사가 시작되기 전에 이미 천막 안에는 구경꾼들이 자리를 가득 메우고 무대의 막이 오르기만을 기다리고 있었다. 비산농악대는 모여든 청중들에게 즐거움을 선사하기 위하여 풍물놀이를 비롯하여 온갖 재주를 부렸다. 이처럼 비산농악대는 재창단된 이후 몇 년 동안 각 지역의 여러 곳을 돌아다니며 걸립농악을 지속해왔다. 단원들은 한 달이나 두 달을 지나서 집에 돌아오기도 하고 무당이나 화랭이 패들처럼 전국 곳곳을 떠돌아다녔다.

이러한 생활이 계속되던 중 김수배는 장차 처이모가 될 분의 중신으로 경북 달성군 옥포면 반송동에 사는 권순희(權純熙)와 결혼하였다. 당시 신랑 김수배의 나이는 스물 두 살이었으며 신부 권순희는 스무 살이었다. 부인 권씨는 매우 조용한 성격으로 남편이 하는 모든 일에 묵묵히 뒷바라지를 해 주었다. 그 당시 단원들은 '백프로'라는 옷감으로 복색을 하였는데 부인은 항상 스무 명이 넘는 장정들의 옷을 혼자서 빨래하여 숯불 다리미로 다려 입도록 하였다.

뿐만 아니라 단원들의 식사를 끼니마다 챙기는 등 농악대의 수많은 일들을 억척스럽게 치루면서 잔소리 하나 하지 않았다. 김 옹은 지금까지 풍물패를 이끌어 온 남편과 단원들의 뒷바라지를 해온 아내에 대하여 고마움을 잊지 못하고 있다.

"요즈음 사람들 같으면 서방 내다버리고 다 도망갔을 것이구먼."

하지만 결혼 후부터 계속된 걸립농악대 생활은 가계살림에 보탬이 되기는커녕 가계가 점점 쇠하여 갔다.

그러던 중 1960년대에 들어와서 농악경연대회가 전국 곳곳에서 개최되었다. 1958년 10월 비산농악대는 경주에서 개최된 '영남농악경연대회'에 출전하여 우승을 하였다. 1962년 9월에는 '전국민속예술경연대회'에 출전하여 단체상을 받았으며, 1967년 7월 '울산공업단지축제'에 비산농악대가 참가하여 특상을 받았다. 1970년 10월에는 서울에서 개최된 '전국농악경연대회'에서 1등을 하는 등 그 이후에도 비산농악대는 각종 민속경연대회에 출전할 때마다 우수한 성적을 거두었다.

매년 울산에서 개최되는 '울산공업단지축제' 때 비산농악 단원들은 일주일 동안 전영석이라는 사람의 집에서 묵곤 하였다. 그의 집에 묵고 있는 동안 행사가 없는 날이면 단원들은 동네에 나가서 걸립을 하여 얼마간 돈을 모으기도 하였다. 전영석은 울산 방어진 사람으로 동네에서 유명한 사람이었다. 그는 심지가 매우 곧고 한눈에 사람 됨됨이를 정확히 볼 줄 아는 사람이어서 일주일밖에 되지 않은 짧은 기간이지만 김수배와 두터운 교분을 쌓게 되었다. 그 후 김수배는 십수 년 동안 계속 연락하며 지내오다가 어느 날 갑작스런 전씨의 사망 소식을 듣고 부모님이 돌아가신 것처럼 비통해 하였다. 김수배는 좋은 친구를 잃은 충격과 슬픔으로 인하여 한동안 울산에는 걸음조차 하지 않았다.

1970년 10월 진주에서 열린 개천 예술제에 비산농악대는 대회장을 대관하여 닷새 동안 행사를 치루었다. 여러 단체들이 참가하여 백구팀, 청룡팀으로 나누어 나팔을 불면서 연일 축제 분위기로 행사가 진행되었다. 권명화 무용단, 춤꾼 정소산, 가야금 병창 최금난 등 전국에서 이름난 춤꾼과 소리꾼들이 이 행사에 대거 참가하였다. 비산농악대 단원들은 진주시내에서 당시 하루 숙박비가 8천원인 여관에 투숙하였다. 이튿날 아침 단원들은 여관에서 나와 행사장에 도착해보니 넓은 마당에 구경꾼들로 인산인해를 이루고 있었다. 수많은 사람들이 공연을 보기 위해 모여든 광경을 보고 김수배는 이렇게 혼자서 중얼거렸다.

"야! 이제 팔자 고쳤구나!"

공연순서에 따라 가야금 병창이 제일 먼저 문을 열었다. 무대에선 최금난은 가야금 반주에 맞추어 손에 든 부채를 휙 펴들었다.

"뚱- 뚱- 뚱뚱-," "이놈들아 들어봐라, 진주가 좋다길래,"

"뚱- 뚱- 뚱뚱-," "너를 보러 내가 왔노라…"

모인 관중들은 우레와 같은 박수갈채를 보내며 좋아했다. 그 다음 무대는 비산농악대 순서였다. 비산농악대는 구색에 맞추어 풍물가락을 차례대로 쳐 나갔다. 만장의 구경꾼들은 흥에 겨워 들썩들썩 어깨춤을 추며 즐거워하였다.

그러나 행사가 한참 진행되던 이튿날 억수 같은 장대비가 행사장에 쏟아졌다. 그 해는 우리나라 전역에 걸쳐 벼 베기가 한창 때인 추수시기에 많은 비가 와서 식량을 하나도 거두지 못한 해였다.

비산농악대는 폭우 때문에 닷새 동안 열어야 할 행사를 아쉽게도 이틀 만에 끝내야 했었다. 이후 비산농악대가 자리를 옮겨 행사를 하기만 하면 비가 와서 "김수배가 행사하면 비가 온다."라는 말이 공공연히 나돌 정도였다. 비가 주룩주룩 오는 날에는 밤 새워 북을 말리느라 부채질을 하였는가 하면 쇠죽 아궁이에 비에 젖은 북통을 말리곤 하였다. 그리하여 비산농악대가 연행하는 동안 비가 와서 행사를 망치는 일이 없도록 해달라고 단원들은 정성을 다하여 천지신명께 고사를 지내기도 하였다. 이즈음 비산농악대는 이러한 행사를 무려 스물 네 번이나 했었는데 그때마다 달갑지 않은 비가 와서 엄청난 손해를 입었다. 김수배는 비와 철천지 원수가 되었다.

<그림 5> 비산농악대의 길놀이 장면

그 후 전국민속예술경연대회가 주로 서울에서 개최되었고 비산농악대는 열세 차례나 참가하여 당시 경연대회에 가장 많이 참가한 풍물단체로 알려졌으며 경연대회의 상들을 모조리 휩쓸었다. 비산농악대가 경연대회에서 우승을 한 뒤 느지막하게 우승기와 트로피를 앞세워 동네 어귀에 들어서면 동네 사람들은 임문구와 김수배를 어깨

에 태우고 "문구", "수배" 하면서 열렬히 환호하였다. 그럴 때면 단원들은 전쟁에서 크게 승리한 개선장군처럼 의기양양하였다. 그날 밤만큼은 남녀노소를 막론하고 온 동네사람들이 나와 동네가 떠들썩하도록 큰 잔치를 벌였다. 마을사람들은 밤새도록 먹고 마시면서 웃음꽃을 피웠고 단원들의 노고를 치하하였다. 이 날 밤은 문구와 수배 그리고 그동안 함께 고생해 온 단원들을 위한 밤이었다.

3) 비산농악대의 잡색과 풍물꾼들

풍물패에는 직접 풍물을 치는 사람이 있는가 하면 악기를 다루지 않고 흥을 돋우기 위하여 여러 가지 모양으로 분장을 한 잡색들이 있다. 비산농악이 풍물로서 전성기였을 때 잡색에는 무동(舞童)[14]을 비롯하여 포수, 각시, 양반(대감)이 있었다. 오늘날 비산농악에서는 무동놀이를 하지 않지만 김수배가 비산농악에 처음 입단할 당시 무동 역할을 하였던 이경자가 있었다. 그녀는 머리에 작은 방울모양으로 생긴 것을 달아 달랑거리며 돌리기도 하고 깡충깡충 뛰기도 하였다. 그러나 비산농악을

---

14) 경북 예천의 청단(青丹)놀음에서 무동에 관한 유래가 다음과 같이 전해지고 있다. 전라도지방의 어떤 부호에게 첩이 있었는데 첩이 달아나서 부호가 첩을 찾기 위해 춤에 능한 사람들을 모아 가면을 만들고 청단을 꾸며 전국을 돌며 놀음을 벌였다. 그러던 중 예천읍 동본리의 인파 속에서 첩을 찾아내었고 더 이상 첩질을 하지 못하게 첩을 죽이고 청단놀음에 사용되었던 가면과 도구들을 그곳에 묻었다. 그 후 예천읍에서 잦은 화재가 일어나자 원인을 규명해 보니 청단놀음의 영향임을 알고 광대놀음을 재현한 후부터 이 청단놀음이 전승되어 왔다고 한다. 청단놀음은 농악의 외마치, 세마치, 살풀이장단에 맞추어 덧배기 춤을 주요 춤사위로 하고 있으며 광대판놀음, 행의놀음, 주지놀음, 지연광대놀음, 얼레방아놀음, 무동놀음의 여섯 마당으로 짜여져 있다.

비롯하여 경상도 농악에서 무동놀음 대신 자반뛰기를 하고 있는데 이에 대하여 경상북도, 대구광역시 문화재위원 성병희(成炳禧) 박사는 "본래 경상도 지방의 풍물에는 자반뛰기가 없었으나 전라도 지방에서 전래된 것으로 추정한다."라고 말하였다.

잡색 중 포수는 1924년생의 권상문이 도맡아서 했는데 살아생전 김수배와는 절친한 친구 사이였다. 비산농악대가 집집마다 지신밟기를 할 때면 정지풀이가 끝난 다음 권상문은 정지('부엌'의 경상도, 강원도, 충청도, 전라도 방언)에서 솥뚜껑을 들고 나온다. 그는 솥뚜껑을 머리 위에 치켜들고 마당 한가운데로 나가 공중에 한바퀴 휙 돌면서 고함을 지른다.

"학도 뜨고, 봉황도 뜨고, 압록강에 기러기도 뜨고…,

우리 집 마누라 요강단지에는 × 덩어리 떴네."

그의 익살스런 말에 집 주인은 물론 구경꾼들은 배꼽을 잡고 폭소를 터뜨렸다. 권상문의 말 한마디 한마디는 구수한 뚝배기의 진국처럼 우리의 삶과 애환이 깃들어 있었다.

1919년생의 김태식은 잡색 중 양반으로 거드름 피우는 양반의 모습을 흉내 내는 사람이었다. 그는 갓을 쓰고 도포를 입고 두 손으로 뒷짐을 진 채 갈지(之)자의 걸음걸이를 하면서 하인들을 부리듯 눈을 부라리며 양반의 흉내를 내었다. 뿐만 아니라 그는 다양한 재주를 가진 만능 스포츠맨이었다. 그는 농악대의 연행이 무르익어 갈 즈음 머리에 쓴 갓을 내리고 도포를 허리춤에 묶는다. 그리고 두발걸이로 힘차게 껑충 뛰어넘어 한바퀴 돌기를 한다.

"수배, 북채 내봐."

그는 김수배와 북채를 마주잡고 두 바퀴씩이나 공중회전을 하였다. 숨죽이고 조마조마하게 쳐다보고 있던 구경꾼들은 공중회전이 성공할 때 탄성과 함께 일제히 우뢰와 같은 박수갈채를 보내었다.

김태식에 이어 대감역할을 한 사람은 1922년생의 김용배이다. 그는 김수배의 맏형으로 김수배가 비산농악에서 활동할 때부터 줄곧 대감 역할을 하여왔다. 그는 평생토록 풍물에 손을 대지 않고 한결같이 대감 역할만 하였던 분이다. 김용배는 비산농악·날뫼북춤의 행사가 있을 때마다 항상 양반의 의관을 갖추고 근엄한 대감의 흉내를 내는 등 구경꾼들에게 또 다른 볼거리를 제공해 주었다. 이미 비산농악에서 다른 잡색들이 사라진 뒤에도 그는 최후의 잡색으로 그 명맥을 유지해 왔으나 최근에 타계하였다.

각시 역할은 1928년생의 이상진인데 안타깝게도 그는 한창의 나이 때 세상을 떠났다. 이상진은 남정네로서 치마저고리를 예쁘게 차려입고 각시놀음을 하였다. 그는 여인네가 오줌 누는 모습을 흉내 내곤 하였는데 일부러 구경꾼들이 보는 앞에서 저만치 돌아앉아 겉치마를 획 걷어 올렸다. 고쟁이 사이로 하얀 살 궁둥이가 보일 듯 말 듯 하여 쳐다보고 있던 사람들은 "저 사람이 남자냐? 진짜 여자냐?"라고 할 정도로 천연덕스럽게 넉살을 부렸다.

그리고 풍물을 치는 잡이들 중 장구잡이로는 전국적으로 명성이 나 있는 최차업이란 사람이 있었다. 당시에 장구를 그만큼 잘 치는 사람도 드물었다. 북잡이로는 설북에 김수배를 비롯하여 임봉구와 정만섭 그리고 이영식이 있었다. 이영식은 북을 치는 것 외에 또 다른 재주가 있었는데 입 피리를 아주 잘 불었다. 그는 나무를 얇게 깎아서 입 피리를 만들었다. 얇게 깎은 나무 조각을 입에 넣었다 하면 듣는 사람들이 넋이 나갈 정도로 유창하게 입 피리를 불곤 하였다.

방방곡곡을 돌아다녀 보아도 비산농악대처럼 재주를 잘 부리는 농악대를 찾아볼 수 없었다. 비산농악대는 전국 어디를 가든지, 가는 곳마다 큰 호평을 받았다. 그들은 발이 닿는 곳마다 커다란 인기를 얻었다. 어느 곳이든지 비산농악대가 왔다 하면 다른 지역 농악대는 "우리는 할 필요가 없다."라고 할 정도로 사실상 전의를 상실하였다. 이와 같이 비산농악대는 재창단 이후 한참동안 전성기를 누렸다.

<그림 6> 1980년대 비산농악단 단원

당시 비산농악 단원들은 대부분 농부들이었다. 농부들은 들판을 무대삼아 농악을 한다. 농부들은 땅 내음을 맡는 만큼 풍물소리를

듣는다. 그들의 가슴에는 구성진 풍물가락이 스며들어 있으며, 그들의 이마에는 풍물과 함께 한 세월만큼 깊은 주름이 자리잡고 있다. 그들의 삶 자체가 농악이었다.

한동안 우리나라의 마을마다 행해져오던 풍물은 오늘날 거의 사라지고 자료조차 대부분 남아있지 않다. 간혹 마을단위의 계(契)모임 형태로 풍물계가 남아있는 경우가 있지만 대부분의 풍물은 구전에 의하여 전승되어 왔다. 이러한 까닭에 마을마다 있었던 농악의 실체와 역사를 찾아보기가 쉽지 않다. 비산농악도 여기서 예외일 수 없다. 비산농악의 역사는 멀리 조선시대까지 거슬러 올라갈 수 있으나 지금까지 남아있는 자료가 거의 없으며 단지 6·25전쟁 직후 비산농악이 재창단된 이후부터 김수배의 기억에 의존되고 있을 따름이다. 지금까지 전해 내려오는 비산농악에 대한 초기의 내용은 고작 일제시대 때 진주에서 열린 소싸움에 참가하여 연행하였던 사실이 전해지고 있을 뿐이다.

비산농악이 재창단된 직후 당시에 풍물을 쳤던 사람들은 이미 작고하였거나 더 이상 풍물을 다루지 못할 정도로 지금은 노쇠하였다. 김수배가 비산농악에 첫발을 내디뎠을 당시 꽹과리를 쳤던 사람 중 상쇠는 이소명이었으며 종쇠는 현경조였다. 장구잡이는 임상구, 이재후, 김재영, 박만식이었다. 북잡이는 김문수, 김귀수, 권봉길, 김장도, 강상호가 김수배의 스승이자 선배였다. 징수에는 설징에 손명우였으며 김진학, 안상복, 곽삼득, 김윤구가 있었다.

풍물에서는 꽹과리를 잡은 사람의 역할이 매우 중요하다. 비산농악의 경우 재창단된 1953년 이후부터 오늘날까지 꽹과리의 계보를 살펴보면 초기의 상쇠는 이소명이었으며, 종쇠는 현경조였다. 이들에게 배운 최봉수는 상쇠로, 백우진은 종쇠로 그 뒤를 이어갔다. 최봉수와 백우진의 뒤를 이어 임문구가 상쇠가 되었으며 곽정달이 종쇠가 되었다. 그리고 임문구에게 배운 김수기와 박주홍은 비산농악에서 각각 상쇠와 종쇠를 담당하였다. 한편, 김수기는 비산농악에서 천왕메기를 분리하여 현재 비산동 천왕메기 예능보유자와 상쇠로 활동하고 있다. 임문구와 곽정달에게 배운 윤종곤은 현재 날뫼북춤의 상쇠로 활동하고 있다. 김수기가 비산농악에서 상쇠를 할 때 종쇠를 했던 나문구가 현재 비산농악의 상쇠로 활동하고 있다.

김수배는 비산농악뿐 아니라 비산농악을 모체로 하는 비산동 천왕메기와 날뫼북춤을 발굴하여 오늘날까지 존속하도록 하였다. 이들의 발굴과 보존을 위하여 그는 젊음을 송두리째 바쳤고 혼신의 힘을 다하여 왔다. 때로는 "허구한 날 이토록 풍물을 쳐야 하는가!" 하는 자책감도 들었다. 한동안 풍물은 우리 사회에서 신분이 천한 사람들이나 하는 것으로 인식되어 온 것은 사실이다. 그러나 김수배는 주위 시선에 아랑곳하지 않았다. 주변 여건이 그러할수록 오히려 신명을 다하였다.

풍물소리는 그의 귀를 훔쳤고, 풍물놀이는 그의 눈을 빼앗았다. 그가 한평생 살아오는 동안 비산농악은 생의 반려자였고 자식이었다. 비산농악은 김수배의 마음에 선명한 부조(浮彫)처럼 각인되었으며 그를 온통 사로잡는 그 무엇이었다. 김수배는 세인들의 무관심과 그를 향한 멸시에도 아랑곳하지 않았다. 장인(匠人)들의 삶이 그러하듯 김수배 역시 한평생 풍물의 흥에 흠뻑 취해 살아왔다. 그 결과 하마터면 우리 기억에서 영원히 사라질 뻔하였던 비산농악을 그는 이만큼 제자리로 돌려놓았다. 그리고 그 맥을 이어가게 하였다.

<그림 7> 김수배 옹의 최근 모습

4) 비산농악과 천왕메기[15]

어린 시절 김수배는 고향 청도에서 정월 보름을 전후하여 동네 어른들이 천왕신에게 제사 드리는 것을 관심 있게 보았다. 천왕제는 기천왕, 중천왕, 말천왕에게 지내는 동제(洞祭)로 천왕제의 마지막에는 천왕메기로 지신풀이를 한다. 그는 비산동에서도 정월 대보

15) '천왕메기'라는 말은 상고시대부터 우리 민족의 수호신인 천왕에게 정성을 드린다거나 천왕에게 먹인다고 하는 뜻에서 천왕메기라는 말을 쓰게 되었다.

름이 되면 당산에서 제사 지내는 것을 보고 비산농악에서 천왕메기를 접목시켰다. 그는 비산동 일대에 상당, 중당, 하당의 자리에 기천왕(其天王), 중천왕(中天王), 말천왕(末天王)을 정하였다. 기천왕의 자리는 현재의 비산1동 2-1번지(인동촌시장)에 정하였고, 중천왕 자리는 비산3동의 삼성예식장 자리에 정하였으며, 말천왕 자리는 대신동 대신파출소 자리에 각각 정하였다.

천왕메기 발굴 당시 김수배는 이 지역 고로(古老)들뿐 아니라 과거에 이 지역에 살았던 사람들을 일일이 찾아다니면서 천왕메기를 접목시키려는 노력을 기울였다. 천왕제의 모든 과정과 사설, 즉 '천왕문굿 사설'부터 시작하여 '대내림 사설', '축문고사' 그리고 '지신풀이 사설'까지 청도의 천왕메기를 표본으로 하여 모두 재구성하였다. 이 일을 위하여 김수배는 일주일씩 잠을 자지 못하고 힘든 작업을 계속해 나갔다. 구성된 내용을 하나씩 검토하고 확인하는 작업을 해야 했으므로 종이에 기록한 분량이 한 짐이 족히 넘을 정도였다. 이렇게 힘든 작업을 해 나갈 때 차남 종기(鍾基)가 부친 옆에서 작업을 도와드렸다. 그 당시 종기는 법대를 다니는 대학생이었는데 부친이 적어준 사설을 모두 국문으로 옮기는 일을 주로 하였다.

천왕메기의 과정은 정초에 동네에서 제관(祭官) 세 명을 먼저 선정해 둔다. 제관으로 선정된 사람은 보름동안 부정을 타지 않게 몸가짐을 정하게 하여야 한다. 보름 전날 밤이 되면 제관들은 풍물꾼들과 함께 사당에 올라가서 정성을 드리고 내려온다. 보름날이 되는 다음날 아침 제관들과 풍물꾼들은 제물과 함께 큰 대나무를 앞세우고 다시 사당에 올라가는데 동네 사람들도 음식을 장만하여 함께 이들의 뒤를 따른다.

풍물꾼들이 사당에 도착하면 사당 문 앞에서 문굿을 치고 사당에 들어가서 고축하고 축문을 읽는다. '대내림'에서는 사설을 한다.

"높은 산에 정기 들고, 낮은 산에 기도하고…"

"캥- 캥- 캣캥"

꽹과리는 자진모리장단으로 열어 나간다. '대내림'을 위하여 상쇠는 "천왕굿 천왕굿 천왕굿…"을 계속 반복하면서 꽹과리를 아주 세게 친다. 이윽고 천왕이 내리면 장정이 쥐고 있던 대나무 끝 부분이 바람에 흩날리듯 얄랑거린다. '대내림' 이후 농악대가 제자리에서 굿거리장단으로 어깨춤을 추고 제자리에서 한 바퀴 돈다. 그리고 왼쪽으로 두 장단에 한 보 내디디며 다시 오른쪽으로 두 장단에 한 보 다가가서 제자리에서 한 바퀴 돈다. 그 다음 무릎을 구부리고 머리를 숙여 독축관(讀祝官)이 '축문고사(祝文告祀)'를 한다.

당시 임문구의 후임이었던 곽정달은 평생토록 천왕메기를 하면서 정성을 다하여 꽹과리를 쳤던 분이다. 천왕제의 모든 과정이 끝나면 가져온 음식을 나누어 먹고 풍물꾼들은 동네 사람들과 어울려 흥겨운 한 판 판굿을 벌인다. 이 때 마을 사람들과 어우러지는 판굿은 제의(祭儀)의 성격을 넘어 올 한해 농사의 풍년을 기원하며 마을의 안녕과 마을 사람들 간의 대동화합을 담아낸다.

오늘날 천왕메기는 옛날 동네에서 하던 천왕메기와 약간의 차이점이 있다. 그 당시에는 천왕님께 드리는 제사를 중요한 부분으로 인식하여 치성으로 제사를 드렸지만 요즈음에는 풍물을 더 많이 친다. 이러한 현상은 오늘날 제의적(祭儀的) 성격인 천왕메기조차 연희적(演戱的) 성격으로 바뀌어가고 있음을 볼 수 있는 대목이다.

김수배는 천왕메기를 할 때 모든 단원들에게 엄하게 호통친다.

"내다 버리더라도 천왕메기를 할 때 정성을 듬뿍 담아서 꽹과리를 쳐야지, 주위에 구경꾼들이 웃고 장난친다고 다른 곳에 한눈 팔면 안 된다. 감히 신이 내리는데 누군가 큰 피해를 입는단 말이야."

오래 전 김수배의 외갓집 동네에서 천왕굿을 하는 중 아이를 밴 여인이 이것을 구경하다가 갑자기 배가 아파서 죽게 되었다. 여인이 죽으면서 태어난 아이가 김수배에게 외오촌 아저씨뻘 되는 사람인데 그는 살아생전 병치레 한번 하지 않고 매우 건강하게 살았다고 한다. 지금까지 마을 사람들은 이 사건으로 인하여 천왕굿의 영험이 있다는 것을 믿고 있다.

오늘날에 와서 천왕제의 성격이 다소 연희적인 성격으로 바뀌었지만 김수배는 제사드릴 때만큼은 지극정성을 부탁한다. 그는 이러한 정신을 다음 세대들에게 확고히 심어주려고 한다. 과거에는 천왕의 모습도 그려 놓고 현판도 걸어놓고 천왕제를 지냈지만 지금은 그렇게 하지 않는다. 김수배가 한창 천왕메기를 할 당시 천왕메기에 쓰이는 제구(祭具)들을 차량 두 대에 가득 싣고 다닐 정도로 많은 분량이었다.

김수배는 비산동에서 천왕메기를 구성하여 1984년 9월 청주시에서 개최된 전국민속예술경연대회에 참가하게 되었다. 그 후 천왕메기는 1988년 10월에 개최된 전국민속예술경연대회에서 문화공보부 장관상을 수상하였다. 1989년 6월 15일 천왕메기는 대구광역시로부터 지방무형문화재 제4호로 지정받았고 천왕메기와 천왕메기 예능 보유자 김수기는 비산농악으로부터 이적해 나갔다.

5) 비산농악과 날뫼북춤

풍물놀이에서 풍물잡이들은 자신이 치고 있는 악기로 최대한 역량을 발휘한다. 쇠꾼은 쇠로, 장구잡이는 장구로, 북잡이는 북으로, 그리고 징잡이는 징으로 자신들이 가지고 있는 기량을 구경꾼들에게 보여주려고 한다. 앞에서 언급한바와 같이 비산농악에서는 북으로 기량을 펼쳐 보이는 북놀이가 매우 발달되어 있다.

김수배는 일찍이 북잡이로서 지니고 있어야 할 조건과 기량을 모두 다 갖추고 있었다. 젊었을 때 그는 기골이 장대하였고 인물이 매우 출중하였다. 주변에서는 북으로 그와 견줄 만한 사람이 아무도 없었다. 북잡이 김수배에 대한 사람들의 평가는 거의 절대적이라 할 만큼 북을 다루는 솜씨가 특출하였다. 흰 바지저고리에 북을 메고 어깨춤을 추고 있는 모습을 보고 있노라면 저절로 신명이 나지 않을 수 없다. 그는 한동안 대구에서뿐 아니라 영남지역 전체를 통틀어 지역의 대표적인 북잡이로 명성을 날렸다.

날뫼북춤을 구성하여 안동대회에 처음 출전하였을 때 김수배는 63세였는데 단원 중 젊은 나이의 엄수팔이라는 사람이 북을 치면서 자신보다 뒤쳐지는 것을 보고 "젊은 사람이 그것도 제대로 못 따라오나?" 하고 호통을 칠 정도로 그 때까지만 해도 힘이 펄펄 넘쳤다. 실제로 북춤은 기량도 기량이지만 그만큼 강인한 체력을 요구한다.

그가 한창이었을 때 상쇠 임문구는 김수배의 북놀이 묘기를 구경꾼들에게 보여주기 위하여 종종 유도하였다.

"수배, 북 한 번 쳐봐라."

이 때 꽹과리를 든 임문구는 한두 발 뒤로 썩 물러나면서 덧배기 쇠가락 한 장단 친다.

"갠-지 갠-지 갠지라 개갱, 개갱 갠-지 갠지라 개갱"

덧배기 쇠가락 한 장단 치고 나면 뒤이어 북잡이 김수배는 "쿵" 하고 힘껏 북을 내리치면서 한발 앞으로 성큼 다가선다.

왼쪽 어깨에 긴 끈으로 북을 걸쳐 메고 왼손으로 북 바퀴를 거머쥔 상태에서 허리를 굽혔다 펴면서 멋을 부리듯 오른손에 쥔 북채를 높이 치켜든다. 이 때 한쪽 발을 앞으로 내딛고 살짝 어깨춤을 춘다. 학(鶴)이 날개를 펴고 자태를 뽐내듯 북을 쳐다보며 잠시 아래쪽으로 시선을 집중하다가 일순간 첫 박에 힘을 다해 북을 내려치면서 한 발짝 앞으로 뛰쳐나간다. 흡사 신들린 듯 그의 춤사위

<그림 8> 김수배 옹의 날뫼북춤 독무

는 사람의 경지를 넘어선다. 그의 북춤을 보고 있노라면 보는 사람도 함께 신명의 세계로 몰입될 수밖에 없다.

꽹과리가 "캐갠지 캐갱, 캐갠지 캐갱, 캐갠지 캐갱, 캐갠지 캐갱"으로 네 장단을 치면 네 사람의 북잡이가 따라 나가서 제자리에 선다. 그리고 쇠는 사사꾸장단이라 하여 "사사꾸 사사꾸 사사꾸…" 하며 매우 민첩하면서 빠른 장단을 몰아친다. 이 때 북잡이들은 마당에 들어가지 않고 제자리에서 "구궁 구궁 구궁 구궁" 하며 북을 치고 그리고 난 다음 들어가서 "궁궁궁 궁궁궁 구궁 구궁 궁궁-, 궁- 구궁 궁궁-, 궁- 구궁 궁궁-" 하며 북을 친다. 이 부분의 마지막에서 "궁- 구궁 궁궁-"을 칠 때는 북잡이들이 혼신의 힘을 다하여 아주 강하게 치고 네 차례 북을 넘는다. 그리고 "쿵" 하면서 크게 한 바퀴 도는 현란한 동작을 보여준다.

"그 놈 정말 북 잘 친다."

김수배는 이 말 한마디에 평생토록 북을 쳤다. 본래 김수배는 꽹과리도 잘 쳤지만 북과의 인연이 더 끈끈하였다. 김수배가 처음 비산농악에 입단할 당시 임문구는 덧배기춤과 북춤 묘기의 달인이 있었다. 춤깨나 추는 사람들은 임문구에게 "문구, 덧배기춤 한번 춰 봐라."라고 하며 덧배기춤과 북춤 묘기를 보여 줄 것을 요구하였다. 김수배는 사람들이 임문구에게 요구하는 이 말이 무슨 의미인지 알았다.

"언젠가 나도 저렇게 멋있게 북을 쳐야지!"

김수배는 머릿속 깊이 뇌이고 또 뇌이었다.

전성기 시절 김수배는 전국 방방곡곡을 돌며 풍물단체나 개인에게 북놀이 묘기를 보여주었다. 간혹 그의 북춤은 밀양오북춤이나 다른 북춤에서 따온 것이라고 말하는 사람이 있으나 그것들과 무관하다. 비산동에서 자생된 비산농악의 북놀이 부분을 날뫼북춤으로 개발한 것이다. 또한 김수배는 시월상달이 되면 마을에서 안택(安宅)[16]을 하기도 하고 저녁이 되면 동네 어른들이 모인 자리에서 회심곡도 들려주었다.

지금의 김수배는 전성기를 뒤로하고 몸이 많이 쇠잔하여졌다. 지병인 당뇨가 그를 더욱 괴롭게 한다. 노부부는 대구시내에서 조금 떨어진 경북 성주의 한적한 시골에서 자연과 더불어 노년을 보내고 있다. 하지만 북 얘기만 나오면 주름진 노안(老顔)의 두 눈에는 빛이 번쩍인다.

"이제는 나이가 들고 병이 들어 힘이 없지만, 북을 한번 멋지게 치고 싶다. 북을…"

그는 지금이라도 북채 잡을 힘이 남아 있다면 당장 뛰쳐나가 그 때처럼 덩실덩실 북춤을 추고 싶은 마음일 것이다.

2. 날뫼의 사람들

날뫼북춤을 발굴할 당시 김수배는 동네 어른들을 비롯하여 비산동 동장에게 북춤에 관한 내용들을 낱낱이 전해 들었다. 이 내용을 바탕으로 당시 민속학의 권위자인 경상북도 문화재위원 성병희 박사와 대구광역시 문화재위원 김택규 박사에게 날뫼북춤의 내용과 과정에 대하여 면밀하게 고증을 받았다.

1983년 10월 23일 날뫼북춤은 안동에서 개최된 '제24회 전국민속경연

---

16) 집안에 탈이 없도록 무당이나 소경을 불러 가신(家神)들을 위로하는 일. 주로 시월상달에 한다.

대회'에 처음 출연하여 문화공보부 장관상을 수상하는 영예를 안았다. 이 대회에 출연하였을 때 날뫼북춤의 구성은 북 12명, 꽹과리 1명, 장구 1명, 징 1명이었으며 대부분 나이가 지긋하신 노인들로 이루어져 있었다.

안동에서 날뫼북춤 연행이 끝난 후 안동시 용계동 동장은 날뫼북춤 단원들을 데리고 안동의 여러 명승지로 관광시켜주었고 단원들에게 융숭한 대접을 하였다. 안동의 첫 출연에서 뜻밖의 큰 대접을 받은 날뫼북춤 단원들은 대구로 돌아와 감사의 마음을 패에 담아 용계동 동장에게 보내었고 한동안 좋은 인연으로 서로의 교분을 쌓아갔다. 그리고 이듬해 1984년 7월 25일 날뫼북춤은 대구광역시로부터 지방무형문화재 제2호로 지정되었으며, 김수배는 1986년 12월 5일 대구광역시로부터 날뫼북춤 예능보유자 제1호로 지정받았다.

<그림 9> 전국민속경연대회 출전 장면

그 후 날뫼북춤은 일본 히로시마의 꽃 축제에 두 차례 연행하였고 중국 심양의 맥주공장에서 친선 경연대회를 가지는 등 국외에서도 여러 차례 행사를 치렀다. 국내에서는 1992년 서울에서 개최된 '제73회 전국체육대회' 식후 공식행사에서 640명이나 되는 대규모의 북잡이로 구성하여 참가하였으며 국군의 날 행사에는 104명의 북잡이를 동원한 적도 있었다. 1998년 김대중 대통령 취임식 축하공연 때 각 지방의 풍물단체들이 20여 개 정도 참가하였는데 날뫼북춤도 지역 풍물단체의 대표로 참가하였다. 행사의 진행자는 전국에서 모인 단체들 중 날뫼북춤은 규범이 매우 잘 갖추어진 모범단체라고 공개석상에서 극찬을 하기도 하였다.

대구에서는 지금까지 크고 작은 많은 행사에 참석함으로써 날뫼북춤이 지역에 널리 알려져 있으며 지역의 대표적인 민속놀이로 자리매김하고 있다. 비산농악과 함께 날뫼북춤은 김수배를 단장으로 하여 <비산농악·날뫼북춤 보존회>라는 명칭으로 단체가 조직되어 있으며 대구광역시 서구 평리2동 1097-23번지에 그 본부를 두고 있다.

날뫼북춤에서 북의 계보는 다음과 같다. 김수배가 처음 비산농악에 입단할 당시 강상호, 김장도가 수북이었으며, 그 뒤를 이어 김수배가 수북이 되었다. 김수배 이후 방도수(1955년생), 김수만(1955년생), 이성재(1959년생)가 수북을 담당하였으나 날뫼북춤에서 이적하여 나갔고 현재는 김종국(1956년생)이 수북을 담당하고 있다. 김종국은 김수배의 장남으로 날뫼북춤의 수북과 <비산농악·날뫼북춤 보존회>의 부단장을 겸하고 있다.

날뫼북춤의 상쇠는 곽정달(1916~2003)에 뒤를 이어 지금은 윤종곤(1962년생)이 상쇠를 맡고 있으며 안경동(1968년생)이 종쇠를 맡고 있다. 상쇠 윤종곤은 날뫼북춤에서 가장 오랜 기간동안 쇠를 치고 있는 쇠잡이로서 경상도 특유의 장단인 굵은 선을 지니고 있다. 영남지역 풍물의 특징이라 할 수 있는 이른바 '박아치는 주법'에 탁월한 재능을 지니고 있다. 한 장단 한 장단 이어지는 그의 쇠 소리는 묵직하면서 매우 힘이 있고 강하다. 쇠를 치고 있는 윤종곤의 모습을 보고 있노라면 경상도 쇠꾼으로서의 기질을 한눈에 알아볼 수 있다. 장구잡이는 양기하(1925년생), 유경순(1962년생), 이숙정(1985년생)이며, 징잡이는 서창문(1947년생), 박노준(1949년생)이다.

북춤 단원은 오세도(1957년생), 김종용(1950년생), 김세기(1958년생), 주정화(1955년생), 나문구(1969년생), 김종국(1956년생), 오태호(1963년생), 이상복(1958년생), 강정선(1954년생), 안상옥(1953년생), 최명호(1966년생), 전상구(1959년생), 정창영(1966년생), 남창호(1965년생), 소영화(1958년생), 조현웅(1960년생), 최재용(1962년생), 조형래(1950년생), 이광배(1968년생), 한희란(1962년생), 심상민(1980년생), 박점수(1980년생), 이영준(1981년생), 조범근(1981년생), 서동준(1983년생), 박효진(1985년생), 이명호(1985년생), 김진환(1986년생), 임선환(1986년생), 김민지(1987년생), 백선미(1988년생), 박혜령(1988년생), 김효재(1989년생)이다.

<비산농악 · 날뫼북춤 보존회>는 대구에 본부를 두고 있지만 부산과 경북 포항에 지부를 두고 있다. 부산지부의 날뫼북춤 단원에는 최재용(1962년생), 박재형(1976년생), 김은옥(1963년생), 최승인(1966년생), 이문순(1965년생), 장미경(1986년생), 최태규(1974년생),

임인숙(1963년생), 임윤아(1980년생), 박정옥(1965년생), 손혜정(1966년생), 김민경(1980년생), 김나경(1980년생), 황정란(1978년생)이 있다.

포항지부의 단원에는 조현웅(1960년생), 홍성복(1961년생), 김분남(1963년생), 송정심(1975년생), 정숙희(1967년생), 김순배(1934년생), 양창식(1957년생), 김수남(1948년생), 박근혁(1980년생), 남규호(1956년생), 박돌남(1956년생), 박미경(1970년생), 우도하(1961년생), 이상춘(1962년생), 장청자(1960년생), 이옥표(1956년생), 심경희(1962년생), 송외선(1965년생), 이현주(1963년생), 이영수(1968년생), 홍정순(1960년생), 배점숙(1966년생), 김옥희(1968년생), 김용진(1963년생), 이석암(1968년생), 김연주(1960년생), 홍경희(1959년생), 김옥자(1960년생), 김효영(1955년생), 안태석(1956년생), 박일선(1954년생)이 있다.

<비산농악·날뫼북춤 보존회>의 정식 지부로 승격되지 아니하였지만 서울에서 두레라는 뜻을 가진 '울력'의 날뫼북춤 단원에는 장이환(1964년생), 유동식(1975년생), 김주범(1984년생), 전경자(1969년생), 한요희(1973년생), 유명희(1960년생), 한종아(1963년생), 장지성(1984년생), 김은혜(1985년생), 장미혜(1978년생), 유병례(1956년생)가 있으며, 경북 칠곡 지역의 '한사랑'이라는 이름을 가진 날뫼북춤 단원에는 유옥하(1959년생), 최공조(1959년생), 김태곤(1954년생), 김행배(1955년생), 박월선(1948년생), 백대현(1944년생), 김명주(1957년생), 김종미(1959년생), 서경근(1961년생), 이진숙(1953년생), 정기웅(1958년생), 강정희(1959년생), 반정옥(1959년생), 류경희(1960년생), 장경식(1957년생), 김석동(1964년생), 이정숙(1963년생), 김영심(1963년생), 김병철(1963년생), 박태숙(1962년생), 성현분(1964년생), 이영순(1955년생), 이

정우(1960년생), 이현국(1977년생), 정화선(1962년생)이 있다.

이외에도 날뫼북춤의 전수학생들을 비롯하여 각 학교에 날뫼북춤을 전수하고 있는 학생들을 비롯하여 지금까지 날뫼북춤을 거쳐 간 단원들이 상당수에 이른다. 그만큼 날뫼북춤은 대구지역에 국한되지 아니하고 점차 전국으로 확산되어가고 있음을 볼 수 있다.

<그림 10> 국립극장 초청공연에서 날뫼북춤

날뫼북춤 전수교육 보조자의 꽹과리는 윤종곤이며 북은 김종국이다. 전수교육은 <비산농악·날뫼북춤 보존회> 회원을 대상으로 할 뿐 아니라 개인과 단체 또는 학교의 학생들을 대상으로 하고 있다. 전수교육 보조자들은 학생들에게 날뫼북춤을 전수하기 위하여 각 학교에 소속되어 전수교육 프로그램을 운영하고 있다. 날뫼

북춤 전수학교로 초등학교에는 대구의 비봉초등학교, 북비산초등학교, 하빈초등학교, 동곡초등학교, 서평초등학교, 북대구초등학교, 서부초등학교, 동촌초등학교이며, 중 · 고등학교에는 대구북중학교, 대구달서공업고등학교가 있다.

근래에 들어와서 <비산농악 · 날뫼북춤 보존회>는 방학기간 동안 북춤 보급을 위하여 전수캠프를 실시하고 있다. 이 때마다 대구지역 북춤단원들은 물론 타 지역의 풍물단에서도 날뫼북춤을 배우기 위하여 전수캠프에 참가한다. 방학기간 동안에 실시되고 있는 전수교육은 지금까지 10여 차례 실시해오고 있으며 한 차례에 100~120명 정도의 인원을 대상으로 하여 운영해 오고 있다. 전수교육 장소는 대구시내를 벗어난 조용한 시골 초등학교이며, 전수교육 기간은 일주일 가량 걸린다.

<그림 11> 여름전수교육에서 버꾸놀이 연습을 하고 있는 초등학생들

누구든지 전수교육 프로그램에 참가하여 날뫼북춤을 배울 수 있다. 전수교육이 끝날 때쯤이면 개인이나 단체는 날뫼북춤의 멋스러움과 흥취를 누릴 수 있음은 물론, 날뫼북춤 열두 마당을 함께 펼칠 수 있는 기량을 터득하게 된다. 이미 다른 지역에서 풍물을 쳤거나 각 지역의 여러 풍물들을 접하였다 하더라도 날뫼북춤을 처음 접한 사람들은 이 북춤이 갖는 장중한 춤사위와 다양한 가락에 매료되고 만다. 최근에는 풍물놀이 중 북춤에 대한 선호도가 높아지고 있는 추세에 힘입어 날뫼북춤이 전국으로 빠르게 확산되고 있음을 볼 수 있다.

학교를 대상으로 하는 북춤의 전수교육으로 초기에는 영남지역에 소재하고 있는 대학교의 풍물동아리에 소속된 학생들을 대상으로 하여 실시하였다. 그러나 현재는 대학교의 풍물동아리에 전수교육을 실시하고 있지 않고 대신 초·중·고등학교의 학생들을 대상으로 전수교육을 실시하고 있다. 그 까닭은 각 대학교의 풍물동아리에 날뫼북춤을 전수한 후 얼마 지나지 않아 대학생들에 의해 곧잘 다른 지역의 풍물과 혼합하게 되는 현상이 빚어지게 되었다. 그들은 영남지역의 특성이 담겨있는 날뫼북춤의 장단에 다른 지역의 장단을 혼합시키고 변형하였다. 대학교의 풍물동아리에서는 더 이상 날뫼북춤의 고유한 춤사위와 가락이 존속되지 못하였다.

그리하여 북춤 전수교육자들은 날뫼북춤의 춤사위와 가락을 그대로 보존하기 위한 방안으로 다른 지역 풍물을 접하기 이전의 어린 학생들을 대상으로 하여 전수교육을 실시하고 있다. 어린 학생들은 대학생들에 비하여 날뫼북춤의 장단을 변형하거나 스스로 다른 풍물의 장단과 혼합할 수 있는 능력이 훨씬 적다. 어릴 때 날뫼북춤을 배운 학생들은 성장한 후에도 이것이 몸에 배어 있으므로 전수교육자들은 날뫼북춤을 잊어버리지 않고 보존할 수 있을 것이라는 믿음을 갖고 있기 때문이다.

<그림 12> 2004년 전국 각지에서 여름 전수교육에 참가한 초등학생들

이 외에도 날뫼북춤을 전수하기 위하여 <비산농악·날뫼북춤 보존회>에서는 문화관광부가 주최하고 대구광역시가 후원하는 '우리문화 한아름 교육'을 초·중·고등학교를 대상으로 실시하고 있다. 이 교육에서는 비산농악과 날뫼북춤 뿐만 아니라 전통문화 체

험교육의 일환으로 민요, 민속놀이, 농경문화 등 학생들이 우리의 전통 민속을 이해하고 접할 수 있는 다양한 기회를 제공하고 있다.

제3장

날뫼북춤

1. 북춤의 생성

비산농악에서 북이 중심이 되는 이유는 영남지역 사람들이 가지고 있는 심성 즉 기질적인 요인과 밀접한 관계를 가지고 있다고 볼 수 있다. 영남지역은 태백산맥과 소백산맥의 큰 산맥으로 둘러싸인 지리적 특성 때문에 이 지역 사람들은 다른 지역 사람들에 비하여 선이 굵고 단순하며 투박한 성격을 소유하고 있다. 이러한 기질은 이 지역 사람들의 생활과 문화 전반에 걸쳐 그대로 드러나고 있는데 외부 사람들은 영남지역 사람들의 특유한 기질을 곧잘 '경상도 기질'이라고 부른다.

영남지역 사람들이 가지고 있는 기질은 이 지역 풍물에서도 그대로 반영되어 나타난다. 영남지역 풍물의 꽹과리 주법 중 '박아친다'라는 말이 있다. 이 말의 뜻은 꽹과리를 칠 때 마치 망치로 나무에 못을 박듯이 힘을 주어 세게 친다는 뜻이다. 꽹과리채를 꽹과리 중앙에 수직으로 내리치므로 쇠의 울림은 매우 강렬하다. 이 주법은 강박에서뿐 아니라 여린박에서도 거의 같은 세기로 치는데 전체적인 꽹과리의 울림은 강하면서 경쾌하다.

반면 호남지역의 농악이나 웃다리농악의 경우 강박과 약박의 강세 차이를 좁혀 쇠 소리는 부드러운 흐름을 갖는다. 이들 지역에서는 꽹과리를 칠 때 꽹과리의 표면에 꽹과리채를 굴리거나 밀어치는 주법이 매우 발달되어 있고 잔가락이 잘 발달되어 전체적인 꽹과리의 울림은 부드럽고 섬세하다. 이처럼 지역에 따라 꽹과리의 주법이 다르게 나타나고 있는데 이것은 그 지역 사람들이 가지고 있는 기질적 요인과 무관하지 않음을 알 수 있다.

북은 풍물의 악기 중 같은 혁부인 장구에 비하여 훨씬 단조로운 가락으로 진행된다. 뿐만 아니라 북소리는 장구소리에 비하여 투박스럽다. 풍물놀이에 사용되는 북은 소리의 여운이 매우 짧고 소리의 색깔은 탁하다. 북의 주법은 주로 첫 박을 치는 경우가 대부분이며 장구에 비하여 잔가락이나 후속가락이 훨씬 적다. 영남지역 사람들의 감정 표현방식은 다른 지역 사람들의 표현방식에 비하여 매우 단조롭다. 그러므로 이 지역 사람들이 가지고 있는 기질은 북이 지니고 있는 특성과 일맥상통한다고 할 수 있다. 영남지역 사람들은 장구보다 북을 더 좋아하는 편이다.

이미 앞에서 언급한 것처럼 비산농악대는 원님의 무덤 앞에서 북을 치면서 제사드리던 것이 관습이 되었기 때문에 다른 지역 농악대보다 북이 훨씬 많다. 비산농악에서는 다른 농악대의 경우와 마찬가지로 상쇠놀이를 비롯하여 설장구놀이, 소고놀이, 북놀이, 잡색들의 놀이도 함께 해왔다. 그러나 비산농악의 놀이 중에서 가장 두드러진 놀이는 북놀이가 될 수밖에 없었다. 왜냐하면 풍물잡이들 중 북잡이의 인원이 가장 많았을 뿐만 아니라 이 지역사람들은 기질적으로 북을 좋아했기 때문이다.

1990년 초반에 들어와서 비산농악에서는 잘 발달된 북놀이 부분만 따로 떼내어 재구성하였다. 비산농악에서 가장 두드러진 북놀이 부분을 독립시켜 북춤으로 만든 것이다. 비산농악과 마찬가지로 북춤의 구성을 열두 마당으로 구성하였다. 열두 마당 중 농사굿, 병정소집굿, 싸움굿의 세 마당을 제외하고 마당의 명칭과 내용은 비산농악과 동일하다. 북춤의 명칭은 비산농악과 구분 짓기 위하여 '비산(飛山)'의 속 지명인 '날뫼'를 사용하여 '날뫼북춤'이라는 명칭으로 1983년 제24회 전국민속경연대회에서 사람들에게 첫 선을 보였다.

날뫼북춤은 북을 이용한 춤으로 구성되어 있기 때문에 일반적인 풍물과 다른 장르를 갖는다. 이 북춤은 비산농악의 여러 특성 중 군사굿적인 요소를 그대로 가지고 있으므로 춤사위가 매우 장중하다는 것이 특징이다. 북잡이들은 건장한 남성으로 구성되어 있으며 전체가 일사불란하게 움직이는 군무(群舞)의 형태를 띤다. 열두 마당 중 몇몇 부분을 제외하고 북잡이들의 춤사위는 대부분 통일되어 있다.

북잡이들은 북의 긴 끈을 한쪽 어깨에 걸고 북을 허리 아래까지 길게 늘어뜨려 북을 친다. 큰 북을 허리 아래로 늘어뜨려 몸을 움직여야 하기 때문에 춤동작이 수월하지 않다. 북잡이들이 북춤을 출 때 커다란 북을 상하좌우 자유자재로 움직여야 할 때도 있고 원심력을 이용하여 북과 함께 몸을 크게 날려 북을 넘기는 동작을 여러 번 되풀이할 때도 있다. 웬만한 장정들도 몇 마당이 채 지나지 않아 가쁜 숨을 내몰아 쉬게 된다. 그만큼 날뫼북춤의 춤사위가 장중하며 남성적인 힘을 요구하고 있다는 것을 알 수 있다.

우리나라 전역에서 멜북 형태의 민속북춤은 대구의 날뫼북춤을 비롯하여 진도의 진도북춤과 밀양의 밀양오북춤이 있다. 진도북춤은 논에 모를 심을 때 줄을 맞추거나 작업의 능률을 향상시키기 위한 기능을 갖고 있다. 이 북춤은 '모북'이라 하여 한명 아니면 두명 정도의 춤꾼으로부터 시작하여 판굿형태를 띤 것이다. 모심기가 끝난 후 판굿에서는 상쇠놀이, 설장구놀이와 함께 대여섯 명 정도 북잡이들의 북놀이가 펼쳐진다. 진도북춤에서 북은 장구 대신 사용하게 된 것이므로 양손에 북채를 쥐고 장구처럼 양면을 친다. 그러므로 진도북춤의 장단은 장구가락처럼 잔가락이 많으며 북가락이 매우 다채롭다. 굿거리장단에서 시작하여 자진모리장단으로 몰아갔다가 다시 굿거리장단으로 맺으며 때로는 휘몰이장단으로 몰아치기도 한다. 굿거리장단일 때 춤사위를 중심으로 가락을 엮어가고 자진모리장단일 경우 가락을 중심으로 춤사위를 엮어 원의 선상으로 이동한다. 이 때 춤사위는 굿거리장단에서 살풀이라 할 정도로 그 춤이 유연하고 정제된 멋이 있다.

밀양오북춤은 북춤의 명칭에서 보여주고 있듯이 다섯 명의 북잡이로 구성되어 있다. 음력 칠월 열닷새가 되는 백중날 경상도에서는 세벌논메기가 끝난 후 농신에게 제사를 지내고 꼼배기참을 먹는 풍습이 있다. 이 때 머슴들은 고된 농사일에서 잠시 쉬는 동안 주인이 베풀어 준 음식을 마음껏 먹고 놀이판을 벌이는데 이 놀이가 밀양에서 성행된 백중놀이이다. 밀양오북춤은 백중놀이 중 세 번째 마당에서 머슴들이 펼치는 북춤이다. 천지의 오행(五行)과 오기(五氣)를 다스리기 위하여 항상 다섯 명의 북잡이로 구성된다.

밀양오북춤의 장단은 휘몰이장단으로 북울림을 시작한 다음 중모리장단과 중중모리장단을 치면서 원 안으로 모였다 흩어지는 북메김을 한다. 북잡이들은 빠른 장단으로 북테와 북편을 번갈아 다섯 번 치고 서로 마주보며 힘차게 북을 친다. 북잡이들은 원 밖으로 돌아 나오고 모든 풍물잡이가 소리를 멈추면 북잡이들만 자진모리장단을 쳐서 흥을 돋운다.

이들 두 북춤에 대하여 날뫼북춤은 비산농악에 있던 북놀음을 재구성한 것이므로 비산농악의 특징이 날뫼북춤에 그대로 반영되어 있다. 날뫼북춤의 가장 큰 특징은 군사굿의 군무로서 절도 있는 남성의 북춤사위와 경상도 특유의 다채로운 북가락을 가지고 있다. 또한 날뫼북춤은 열두 마당으로 구성되어 있어 내용이나 규모면에서 위의 두 북춤보다 훨씬 크다. 북잡이의 숫자는 독무로부터 시작하여 얼마든지 가감하여 춤을 출 수 있으며 경우에 따라 대규모의 북잡이를 동원할 수도 있다.

2. 편성과 복색

1) 날뫼북

날뫼북춤에 사용되는 북은 메고 치는 풍물 북 중 크기가 가장 크다. 북 면의 지름은 44cm이며 북 양면의 두께는 34cm이다. 북의 모양은 북의 지름과 양면의 두께가 별로 차이가 나지 않기 때문에 전체가 둥그스름한 모양을 띤다.

북의 제작과정은 먼저 소의 생가죽에 소금을 쳐서 저장한 후 약 40시간 정도 물에 담아 불린다. 그 다음 털을 뽑아내고 가죽을 나무판 위에 놓고 고르게 대패질을 한다. 재단과 건조 등의 과정을 거쳐 가죽의 표면을 고르게 한다. 북통의 제작은 오동나무를 잘라 건조시킨 다음 통의 조각을 맞추고 북통을 세운다. 대패질과 칠 등의 과정을 거쳐 가공된 가죽을 나무통과 끈으로 팽팽하게 연결하여 마무리한다.

<그림 13> 날뫼북춤에 사용되는 북과 북채

북채는 박달나무 또는 잡목을 통 채로 깎아 만든다. 북채의 길이는 보통 33cm 정도이며 굵기는 지름이 2.5cm 정도이다. 현재 날뫼북춤에 사용되는 북은 대구광역시 무형문화재(1996년 5월 27일 지정) 제12호 대고장(大鼓匠) 김종문(金鍾文, 1932년생)에 의해 제작되고 있다.

북을 메는 방법은 북통 양쪽의 어깨걸이용 긴 끈을 왼쪽 어깨에 걸쳐 북통이 허벅지까지 내려오도록 끈의 길이를 조절한 다음 북을 몸의 안쪽방향으로 두 번 돌린 후 세운다. 북통을 왼쪽 무릎과 허벅지 앞쪽에 걸치게 하고 북판을 좌우 양 옆으로 하여 북통이 전방을 향하도록 한다. 이 때 왼손 엄지손가락은 왼쪽 북테 위에 걸쳐놓고 손바닥은 왼쪽 북판에 자연스럽게 닿도록 하여 오른손의 북채로 북을 쳤을 때 왼쪽으로 밀려나지 않도록 한다.

2) 북춤의 편성

날뫼북춤은 기수, 악사, 북잡이, 이상 세부분으로 편성된다. 기수는 흰색 바탕에 세로로 크게 '날뫼북춤'이라고 쓴 단기(團旗) 한명, 영기 두명, 오방기(五方旗) 다섯명으로 구성된다. 날뫼북춤에서 단기를 제외하면 비산농악에서 사용되는 기와 동일하다. 날뫼북춤 기는 가로 100cm, 세로 350cm의 흰색 천에 한글로 날뫼북춤이라고 크게 쓰여 있다. 기의 꼭대기에는 꿩 장목과 수술로 장식하며 양쪽 테두리에는 50cm 정도 길이가 되는 톱니 모양의 녹색 천을 붙인다. 아래쪽에는 100cm 가량 제비초리 모양의 다섯 방위를 상징하는 청색, 백색, 홍색, 흑색, 황색의 천을 단다.

악사는 기수와 함께 마당 가장자리에 서서 악기를 연주하는 사람으로서 북 이외에 쇠, 장구, 징을 치며 경우에 따라 선율 악기인 태평소를 첨가하기도 한다. 북잡이들은 판굿의 놀이마당 한가운데서 춤을 추지만 그 외 쇠꾼이나 장구잡이, 징잡이는 원진에 들어가지 않는다. 단지 북잡이들이 북춤을 출 수 있도록 원진의 바깥에서 장단을 유도하는 역할을 한다.

<그림 14> 날뫼북춤 기와 영기

북잡이의 인원에 있어서 진도북춤의 경우 독무(獨舞) 또는 너 댓 명의 북잡이로 구성되며 밀양오북춤의 경우에는 오(五)북이라고 하

여 항상 다섯명으로 구성된다. 여기에 비하여 날뫼북춤은 독무를 비롯하여 3인무, 5인무, 8인무, 12인무, 20인무, 24인무 등 마당이나 무대의 상황에 따라 북잡이의 인원을 적절히 가감할 수 있다. 날뫼북춤의 악기 편성은 북 12명일 경우 쇠 1명, 장구 1명, 징 1명을 기본 편성으로 하되 북잡이의 인원을 증가시킴에 따라 악사를 첨가할 수 있다. 보통의 경우 북춤을 추는 북잡이의 인원은 2·30명 내외로 구성되지만 특별한 경우 북잡이의 인원은 그보다 훨씬 많을 때가 있다. 지금까지 가장 많이 동원된 때는 1992년 서울에서 개최된 '제73회 전국체육대회' 식후 공식행사에서 640명에 달하는 대규모의 북잡이로 구성된 적이 있다.

<비산농악·날뫼북춤 보존회> 단원들의 연령분포는 20대에서부터 70대까지 이루어져 있으나 북잡이의 경우 역동적인 춤동작으로 인한 체력의 부담 때문에 주로 30대와 40대가 주류를 이룬다. 날뫼북춤은 남성들이 추는 힘찬 군무라고 하지만 여성으로서 장구에는 유경순과 이숙정이 있으며 북잡이에는 강정선, 권영희, 주정화가 남성들과 함께 전혀 다를 바 없이 북춤을 춘다.

3) 북춤의 복색

날뫼북춤의 복색은 다른 농악놀이의 복색처럼 그리 화려하지 않다. 날뫼북춤의 모든 풍물잡이들은 흰색 무명 바지저고리에 연두색 조끼를 입는다. 단지 쇠잡이는 붉은색 조끼를 입어 다른 풍물꾼과 구분한다. 모두 허리에는 붉은색 긴 띠를 동여매고 동여맨 띠의 나머지 부분을 허리 뒤쪽으로 길게 흘러내리게 한다. 머리에는 상투를 꽂고 이마에는 흰 띠를 매며 발에는 버선에 짚신을 신는다.

본래 날뫼북춤은 남성 북잡이로 구성되어 있지만 근래에 여성들도 북춤의 판굿에 북잡이로 참가하는 경우가 생겼다. 북잡이나 장구잡이가 비록 여성일지라도 바지저고리에 상투를 꽂고 남장을 한다. 그 까닭은 옛날 원님의 무덤에서 제사를 드렸을 때 북춤을 추었던 풍물패들은 남성들로 구성되었기 때문에 그것이 지금까지 전례되어 온 것으로 볼 수 있다. 남장을 한 여성 북잡이의 경우 행사를 전후로 화장실을 이용할 때 여성 화장실에 들어가려다 남성으로 오인 받아 화장실 입구에서 쫓겨난 에피소드도 많았다고 한다.

<그림 15> 수북 김종국의 복식

3. 활동현황

실제로 날뫼북춤을 구성하여 활동해 온 지 불과 20여 년 정도에 지나지 않는다. 하지만 그동안 날뫼북춤은 수많은 대회에 출연하였으며 각종 행사에 참가하였다. 날뫼북춤은 매년 수차례 정기공연을 비롯하여 초청공연, 거리축제 등 길놀이행사에 참가하여 대구시민들에게 비교적 널리 알려져 있다. 날뫼북춤은 비산농악과 같은 단체에 소속되어 있기 때문에 행사시 함께 출연하거나 두 개의 이름으로 참가하는 경우도 있다.

날뫼북춤의 주요 수상경력은, 1983년 10월 안동에서 개최된 제24회 전국민속예술경연대회에 처음 출연하면서 문화공보부 장관상을 수상하였으며, 1992년 9월 제33회 전국민속예술경연대회에서 문화부 장관상을 수상하였다. 1996년 10월에는 제37회 전국민속예술경연대회에서 경기도 도지사상을 수상한 바 있다. 날뫼북춤은 지금까지 자체행사를 비롯하여 각종 행사에 초청되어 수많은 공연을 펼쳐왔다. 다음은 날뫼북춤이 구성된 이후부터 지금까지의 주요 연혁과 활동을 간추려 놓은 것이다.

<표 1> 날뫼북춤의 주요 연혁과 활동

1983. 10.	제24회 전국민속예술경연대회(문화공보부 장관상)
1983. 11.	대구시립무용단 제3회 정기공연(초청공연)
1984. 7.	대구광역시 지방 무형문화재 제2호 지정
1984. 10.	전국체육대회 전야제 공연(대구 시민운동장)
1986. 2.	정월 대보름 행사(서울 국립극장)
1986. 4.	서울 청소년 무용대회(서울특별시)
1986. 9.	제30회 민속예술경연대회(마산시, 시연회)
1990. 10.	동성로 축제 북춤공연(대구 동성로)
1991. 10.	달구벌 축제 식전행사(대구 동성로)
1992. 9.	제33회 전국민속예술경연대회(문화부 장관상)

1992. 10. 제73회 전국체육대회 식후 공개행사(북잡이 640명 참가)
1992. 10. 동성로 축제 시연회(대구 동성로)
1993. 10. 대전 엑스포 놀이마당 공연(대전시)
1993. 10. 국립국악원 초청공연(세종문화회관)
1993. 10. 제1회 날뫼북춤 공연(대구 문화예술회관)
1994. 5. 제2회 날뫼북춤 공연(대구 문화예술회관)
1994. 5. 동성로 축제 북춤공연(대구 동성로)
1994. 10. 제35회 전국민속예술경연대회(춘천시, 시연회)
1994. 5. 동성로 축제 북춤공연(대구 동성로)
1995. 8. 광복50주년 기념 대구길놀이(대구시)
1995. 8. 광복50주년 기념 서울길놀이(서울 광화문)
1995. 9. 전국무용대회 초청공연(대구 문화예술회관)
1995. 9. 광복50주년 민속종합예술제(서울 경복궁)
1995. 9. 광주비엔날레 경축공연(광주시)
1995. 10. 제14회 달구벌축제(대구, 경상감사 재현)
1995. 10. 동성로 날뫼축제 서구민축제(대구 동성로)
1995. 10. 제3회 날뫼축제 서구민축제(대구 서구청)
1996. 1. 양산 통도사 판타지아 북춤공연(양산 통도사)
1996. 5. 일본 히로시마 꽃 축제 초청공연(일본 히로시마)
1996. 5. 제4회 날뫼축제 서구민 한마당(대구 서구청)
1996. 9. KBS 영·호남 농산물 생방송(KBS 대구방송총국)
1996. 10. 제10회 팔공문화제 축하공연(대구 팔공문화회관)
1996. 10. 달구벌 거리축제(대구 어린이회관)
1996. 10. 북의 대합주 공연(대구 시민회관)

1996. 10. 야외무대 공연(대구 문화예술회관 야외무대)

1996. 10. 제37회 전국민속예술경연대회(경기도 지사상 수상)

1996. 12. 제야의 종 타종행사 참가(대구 중앙공원)

1997. 1. 우방랜드 초청공연(대구 우방랜드)

1997. 4. 제17회 장애인의 날 행사(대구 두류야구장)

1997. 5. 날뫼축제 서구민의 날(대구 서구청)

1997. 8. 국립극장 초청공연(서울, 영남의 소리와 날뫼북춤)

1997. 9. 여름밤의 음악회(대구 경상감영공원)

1997. 10. 97 대구국제드럼페스티벌(대구 시민회관)

1998. 2. 제15대 대통령 취임식 축하공연(국회의사당)

1998. 4. 영천시 농민후계자대회 초청공연(영천시)

1998. 4. 제18회 대한민국 국악제 초청공연(진도 향토문화회관)

1998. 6. 제9회 동성로축제 축하공연(대구 동성로)

1998. 8. 건국 50주년 태극기 이어달리기 경축공연(대구 문화예술회관)

1998. 10. 건국 50주년 국군의 날 축하공연(여의도)

1999. 3. KBS 국악한마당 출연(KBS 홀)

1999. 6. 서울놀이마당 초청공연(서울특별시)

1999. 9. 제40회 한국민속예술축제(제주시 애향운동장)

1999. 10. 서울드럼페스티벌 초청공연(세종문화회관)

1999. 11. 제7회 날뫼북춤 정기공연(대구 서구청광장)

1999. 11. 제8회 날뫼북춤 정기공연(대구 우방랜드, 시연회)

1999. 12. 대구광역시 새천년맞이 축제(대구 국채보상운동공원)

2000. 4. 2000 프로야구 대구개막전 식전 행사(100명 출연)

2000. 4. 서울놀이마당 초청공연(서울특별시)

2000. 6. 대구 · 경북 민속문화연구회 초청공연(대구 시민회관)
2000. 6. 롯데월드, 서울놀이마당 초청공연(서울 롯데월드)
2000. 8. 제10회 정기공연(대구 문화예술회관 대극장)
2000. 10. 제2회 숯불구이 축제 초청공연(전남 광양시)
2000. 10. 안동국악협회 초청공연(안동시)
2000. 10. (사)한살림 초청공연(서울 서초구청)
2000. 11. 제11회 날뫼북춤 정기공연(대구 경상감영공원)
2001. 1. 비산농악 · 날뫼북춤 「판2001」 공연(대구 문화예술회관 기획)
2001. 4. 국채보상 타종식 행사 참가(대구 국채보상운동공원)
2001. 4. 송파구청 초청 서울놀이마당 공연(서울 송파구청)
2001. 4. 대구 전시컨벤션센터 개관 초청공연(대구 전시컨벤션센터)
2001. 4. 장애자 휠체어 마라톤 개막식 및 대회 초청공연
2001. 5. 경상감영 400주년 초청공연 및 퍼레이드(대구 경상감영공원)
2001. 5. 제12회 동성로축제 초청공연(대구 동성로)
2001. 5. 토요상설무대 초청공연(대구 문화예술회관 기획)
2001. 5. 제12회 날뫼부춤 정기공연(대구 국채보상운동공원, 시연회)
2001. 6. 대구국악제 초청공연(대구 문화예술회관)
2001. 6. 제13회 날뫼북춤 정기공연(대구 문화예술회관, 시연회)
2001. 7. 2001 비산농악 · 날뫼북춤 하계전수회(120명 참가)
2001. 7. 2001 한국강의 혼과 예술 '낙동강'편 출연(KBS대구방송국)
2001. 8. 서울놀이마당 초청공연(서울특별시)
2001. 9. 제15회 날뫼북춤 정기공연(대구 문화예술회관)
2001. 10. 봉산 문화거리 축제 초청공연(대구 봉산동)
2001. 10. 문화마당 초청공연(대구 월드컵경기장)

2001. 10. 서문시장 축제 초청공연(대구 서문시장)

2001. 11. 이은자 발표회 초청공연(대구 시민회관)

2001. 11. 양로원 경로잔치(대구 성산복지재단 성로원)

2001. 11. 팔공국악제 초청공연(대구 팔공문화원)

2001. 12. KBS 국악대상 초청 축하공연(KBS방송국)

2002. 1. 신연맞이 행사(대구 앞산공원)

2002. 1. 비산농악 · 날뫼북춤「판2002」공연(대구 문화예술회관 기획)

2002. 4. 국립국악원 초청공연 (예악당, 축원풍물굿)

2002. 4. 서울 놀이마당 초청공연(서울특별시)

2002. 9. 비산농악 · 날뫼북춤 제17회 정기공연(대구 문화예술회관)

2002. 10. 2002세계 농업인 한마당(경주 문화엑스포광장)

2002. 10. 제1회 날뫼북춤 경연대회(대구 두류공원 솟대광장)

2002. 10. 한 · 일 친선 북 공연(일본)

2002. 11. 대국국제 광학전 초청공연(대구 전시컨벤션센터)

2002. 12. 북춤명인전(대구 대백예술극장)

2003. 1. KBS '전국은 지금' 출연(KBS 대구방송국총국)

2003. 1. 비산농악 · 날뫼북춤「판2003」공연(대구 문화예술회관 기획)

2003. 3. KBS 국악한마당(KBS 대구방송국총국)

2003. 4. 시립희망원 위문공연(대구 시립희망원)

2003. 6. 단오절 행사(천안시)

2003. 8. U대회 개막식 행사(대구 월드컵경기장)

2003. 8. U개회 선수촌 행사(대구 전시컨벤션센터)

2003. 8. 대구광역시 문화재 시연(대구 문화예술회관)

2003. 10. 비산농악 · 날뫼북춤 제20회 정기공연(대구 문화예술화관)

2003. 11. 서울 무형문화재 전수회관 공연(서울특별시)
2003. 11. 2003 달구벌 목민관 추원제(대구 원고개시장)
2004. 1. 설날행사(대구 대백프라자 초청)
2004. 1. 비산농악 · 날뫼북춤 「판2004」 공연(대구 문화예술회관 기획)
2004. 5. 김해 가락문화재 폐막식 행사 참가(김해시)
2004. 6. 2004 단오 한마당 축제(대구 두류공원 솟대광장)
2004. 7. 대구의료원 개원21주년 행사(대구의료원)
2004. 7. 포항 바다 국제연극제(포항시)
2004. 9. 비산농악 · 날뫼북춤 제22회 정기공연(대구 서구문화예술회관)
2004. 9. 농어촌 사랑 국회장터(국회의사당)
2004. 10. 무형문화재 발표회(대구 대백예술극장)
2004. 11. 지역분권혁신 박람회(대구 전시컨벤션센터)
2004. 11. 한국전통무용 '맥' 초청공연(대구 문화예술회관)
2004. 12. 2004 달구벌 목민관 추원제 및 비산농악 정기공연(원고개시장)
2005. 1. 2005년 해맞이 행사(대구 와룡산 정상)
2005. 1. 경주 지방산업단지 기공식 지신밟기(경주시)
2005. 1. 신연맞이 우방랜드 공연(대구 우방랜드)
2005. 2. 설날민속놀이마당 공연(대구 냉천자연랜드)
2005. 2. 설날 지신밟기(대구 서구청)
2005. 2. 고령 국제재활원 위문공연(고령읍)
2005. 3. 금연선포식(대구백화점 앞)
2005. 3. 대림 목신제(대구 수성구 수성4가)
2005. 4. 문화마당(대구 문화예술회관)
2005. 4. 시 · 도민 걷기대회(대구 전시컨벤션센터)

2005. 4. 지구의 날 행사(대구 중앙네거리)

2005. 5. 서구 구민의 날 행사(대구 서구청)

2005. 5. 청송걷기대회 및 어린이날 행사(청송군)

2005. 5. 달성공원 무료급식(대구 달성공원)

2005. 5. 동성로 축제(대구 동성로)

2005. 6. 2005 달구벌 단오절 축제한마당(대구 두류공원 숫대광장)

2005. 6. 프랑스의 날 난장축제(대구 두류공원 야외음악당)

2005. 9. 동남아 3개국 공연(홍콩, 대만, 싱가포르)

2005. 10. 안동국제탈축제 참가(안동시)

2005. 10. 산사음악회(가창 광덕사)

2005. 10. 건강걷기대회(대구 두류공원)

2005. 11. 청소년을 위한 국악교실(대구 시민회관)

2006. 1. 해맞이 행사(와룡공원)

2006. 2. 대구 소망기원 풍물굿(대구백화점 앞)

2006. 2. 영락양로원 위문공연 및 지신밟기(대구 영락양로원)

2006. 2. 팔공산 달불놀이(팔공산 주차장)

4. 연행과정

본래 풍물놀이는 마을의 빈 터나 넓은 마당에서 연행되어 왔다. 그래서 마당에서 노는 놀이라 하여 마당놀이라는 이름이 붙여졌다. 풍물놀이가 마당에서 연행되면 풍물잡이들뿐 아니라 구경꾼들도 함께 놀이에 참가할 수 있다. 이처럼 주체나 객체가 따로 구분 없이 모두 함께 놀이를 즐길 수 있다는 것이 마당놀이의 장점이기도 하다. 과거부터 동네마다 있었던 풍물패는 마당놀이를 통하여 동네 사람들을 대동단결시키는 중요한 역할을 해왔다.

마당에서 연행되는 풍물놀이는 상황에 따라 연행과정이 달라질 수 있다. 풍물놀이를 주관하는 풍물꾼이나 주위에서 구경하는 구경꾼들이 신명날 때는 밤이 맞도록 놀이판을 벌일 수도 있고 경우에 따라 일찍 판굿을 끝낼 수도 있다. 연행 당일 날 현장의 분위기와 풍물꾼들의 컨디션, 심지어 구경꾼들의 태도와 반응에 이르기까지 마당놀이의 과정에 영향을 끼치는 요인이 된다. 마당놀이에서 과정과 시간을 가감하거나 변형할 수 있는 사람은 상쇠이다. 풍물에서 상쇠는 서양 오케스트라의 지휘자격으로 놀이판을 진행하는 리더의 역할을 한다.

본래 풍물놀이는 야외의 마당에서 연행되어 왔지만 근래에 들어와서 실내 무대에서 연행되고 있는 경우를 종종 볼 수 있다. 실내에서 연행될 경우 풍물패의 편성이 무대공간에 맞추어 다듬어지거나 변형된다. 날뫼북춤의 경우 기본편성을 바탕으로 무대의 상황과 연행을 의뢰한 측의 요구에 따라 마당의 길이와 북잡이의 구성에 있어서 신축성을 보인다. 날뫼북춤이 무대에서 연행될 때에는 날뫼북춤만 공연하지 않고 이 북춤과 연관이 있는 비산농악, 허튼춤, 염원(念願), 창작 북소리 등을 무대에 올려 청중들에게 다양한 볼거리를 제공한다.

초창기 농악은 축원농악이나 노작농악 또는 걸립농악에서 출발하였으나 세월이 지나면서 점차 연예농악으로 바뀌어진 것을 볼 수 있다. 이것은 본래 농악이 가지고 있는 기능에서 머물지 않고 주위의 많은 사람들을 의식하지 않을 수 없음을 보여주고 있는 것이다. 판굿으로 마당놀이를 펼칠 때 풍물꾼들은 자신이 가지고 있는 기량을 구경꾼들에게 보여주고 싶어 한다. 그래서 농악은 본래의 목적인 축원이나 노작 또는 걸립농악에서 점차 보여주기 위한 농악으로, 즉 연예농악으로 바뀌어진 것이라고 볼 수 있다. 본래 날뫼북춤은 돌아가신 원님에 대한 제의(祭儀)과정으로 사용되었던 비산농악의 북놀이 부분을 분리한 것이다. 따라서 오늘날 날뫼북춤도 제의의 한 부분이라기보다는 오히려 사람들에게 보여주기 위한 연예적 성격이 더 많이 담겨져 있다고 할 수 있다.

오랜 세월을 지나는 동안 북춤 본래의 모습을 그대로 재현하기란 쉽지 않다. 최근에는 날뫼북춤을 무대에 올리면서 무대가 지니고 있는 한정된 공간과 시간의 제약 때문에 변화되고 다듬어져 야외의 마당놀이에서 볼 수 있었던 자연스러움이 많이 줄어들었다. 오늘날 중앙정부나 지방자체단체에서 전통문화의 보존과 전승을 위하여 지나치게 내용과 규모를 형식화함으로써 오히려 본래의 모습과 다른 형태로 변형되거나 소실되기도 한다.

간혹 날뫼북춤에서도 열두 마당 중 열한 번째 마당인 개인놀이를 하지 않을 때도 있다. 개인놀이에서는 몇몇 북잡이의 개개인이 가지고 있는 역량을 관객들에게 보여주는 부분으로 다른 마당에 비하여 북잡이의 더 높은 기량을 요구한다. 개인묘기를 보이는 북잡이의 컨디션에 따라 즉흥적인 요소가 많이 가미될 수 있다. 따라서 개인놀이를 하는 북잡이의 컨디션이나 상황에 따라 이 마당을 축소하거나 생략하는 경우가 생긴다.

이와 유사한 예로 본래 북춤에 포함되어 추었던 허튼춤은 현재 날뫼북춤에서 더 이상 추어지지 않는다. 허튼춤은 어깨 춤사위가 잘 발달된 경상도 특유의 멋과 흥취가 돋보이는 매우 중요한 춤이다. 그러나 날뫼북춤 열두마당 중에 포함되어 있지 않다. 그 까닭은 1983월 경북 안동에서 개최된 전국민속예술경연대회에 날뫼북춤이 처음 출전하면서 허튼춤을 열두 마당에서 제외하여 연행하였기 때문이다. 사실 허튼춤은 날뫼북춤 전체에서 북잡이들에게 가장 높은 고난도의 기교를 요구하는 춤이다. 당시 단원들의 기량으로써는 일사불란하게 허튼춤을 추기가 매우 힘들었다. 그러므로 첫 공식 행사에서 열두 마당에 허튼춤을 넣지 않고 출연하게 되었고 그 후로부터 열두 마당에서 허튼춤이 빠지게 되는 결과를 초래하게 되었다. 하지만 <비산농악 · 날뫼북춤 보존회>에서는 가끔 기량이 우수한 소수의 북잡이들에 의해 허튼춤을 따로 연행하는 것으로 대신하고 있다.

날뫼북춤의 연행과정은 비산농악처럼 모두 열두 마당으로 구성되어 있다. 농악에서 12라는 숫자는 중국의 역법에서 가장 널리 쓰이는 십간십이지(十干十二支)의 지기(地氣)에 해당되는 십이지에서 유래되었으며 일년을 열두 달 주기로 구분한 데서 비롯되었다. 풍물의 장단에서 12차는 두 가지 변형 장단으로 12수열 편성에 동기가 되어 열두 종의 현래가락을 집성하여 12채가 형성되었으며, 12채에 열두 종의 진법이 편성되면서 과장 관념이 생겨 12차 또는 열두 마당이 형성되었다.[17)]

17) 이보형, "農樂의 채에 대한 音樂的 考察", 『民俗藝術』, 민속학회 편(서울: 교문사, 1989), 149.

날뫼북춤 마당의 순서는 놀이꾼들이 입장하는 길놀이의 질굿을 시작으로 정적궁이, 반직굿, 엎어빼기, 다드래기, 물레돌기, 허허굿, 오방진, 모듬굿, 개인가락, 살풀이굿, 개인놀이, 그리고 마지막 덧배기굿을 하고 인사를 한다. 각 마당의 용어에서 '굿'이라는 말을 첨가하여 사용하고 있는데 이것은 당산제나 지신밟기 등 마을의 안녕을 비는 뜻의 '매구', '매굿', '굿'에서 유래된 것이다.

열두 마당은 각 마당 내의 진행에서뿐 아니라 마당과 마당 사이에 있어서도 춤동작이나 장단이 자연스럽게 진행될 수 있도록 구성되어 있다. 열두 마당의 빠르기와 장단을 비교해 보면 각 마당의 구성과 배치 그리고 마당 간의 균형이 매우 효과적으로 이루어져 있음을 알 수 있다. 첫째 마당인 정적궁이에서는 보통빠르기의 정적궁이장단으로 시작하여 둘째 마당 반직굿과 셋째마당 엎어빼기에서는 자진모리장단의 속도가 점차 빨라진다. 넷째 마당에서는 휘몰이장단으로 매우 빠른 속도로 진행되어 빠르기의 정점에 이른다.

다섯째 마당 물레돌기와 여섯째 마당 허허굿에서는 속도를 늦추어 느린 속도로 진행하다가 다시 일곱째 마당 오방진에서는 속도가 빨라진다. 여덟째 마당 모듬굿과 아홉째 마당 개인가락에서는 각 마당 내에서 느린 속도로 시작하여 빠른 속도로 변화된다. 열째 마당 살풀이굿에서는 느린 굿거리장단으로 진행되며 열한째 마당 개인놀이에서도 그대로 이어진다. 개인놀이의 중반쯤 다시 자진모리장단으로 속도가 빨라진 후 마지막 열두째 마당에서 더욱 빨라진 휘몰이장단으로 전체를 끝맺는다.

이와 같이 열두 마당 간의 속도 변화는 전체 열두 마당을 크게 전반부, 중반부, 후반부의 세 부분으로 나누어 정리할 수 있다. 전반부에서는 첫째 마당에서 보통빠르기로 시작하여 마당이 진행되면서 점차 속도가 빨라지고 넷째 마당에 이르러 속도가 매우 빨라졌다. 중반부에서는 다섯째 마당에서 아홉째 마당까지로 마당과 마당 사이는 물론 마당 내에서도 조금 느린 속도에서 빠른 속도로 몇 차례 반복된다. 후반부에서는 첫째 부분처럼 열째 마당에서 마지막 열두째 마당까지 느린 속도에서 매우 빠른 속도로 점차 속도가 빨라지고 있다. 다음의 표는 날뫼북춤의 빠르기를 마당별로 비교하여 도표화한 것이다.

<표 2> 열두 마당의 빠르기 비교

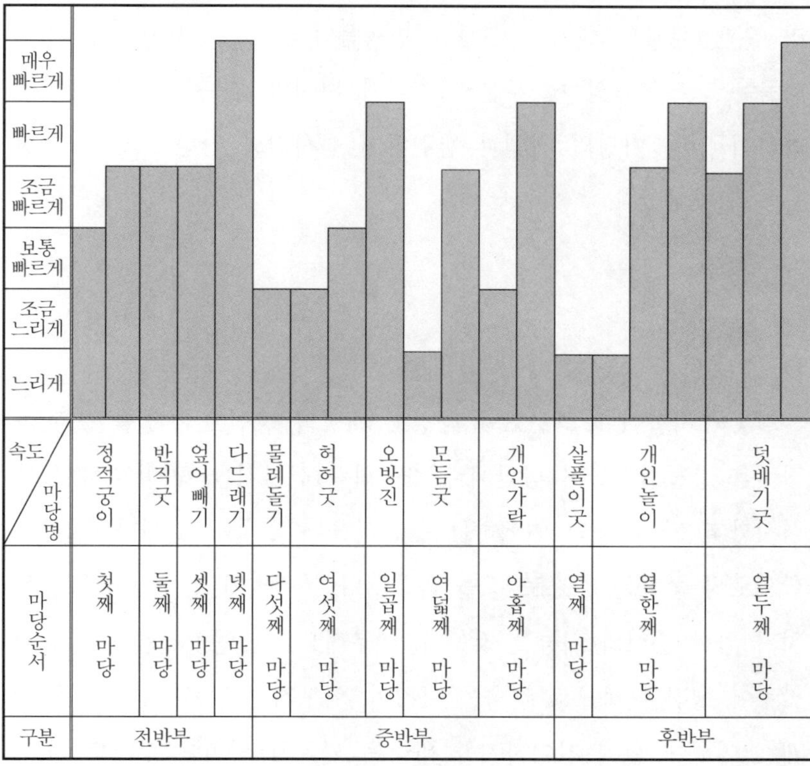

속도 / 마당명	정적궁이	반직굿	엎어빼기	다드래기	물레돌기	허허굿	오방진	모듬굿	개인가락	살풀이굿	개인놀이	덧배기굿
마당순서	첫째 마당	둘째 마당	셋째 마당	넷째 마당	다섯째 마당	여섯째 마당	일곱째 마당	여덟째 마당	아홉째 마당	열째 마당	열한째 마당	열두째 마당
구분	전반부				중반부					후반부		

한 곡 내에서 느린 속도로 출발하여 점점 빨라지는 속도의 현상을 전통음악에서는 만중삭(慢中數)으로 표현된다. 조선시대 궁중의 정재(呈才)[18] 시 사용되었던 봉래의(鳳來儀)[19]의 치화평(致和平)[20]에

18) 정재는 궁중에서 추는 춤으로 나라의 경사, 궁중연회, 외국 사신을 위한 접견 등 각종 연회에서 추었다. 춤의 종류는 53종에 이르며 고대 아악에서 유래한 일무(佾舞), 중국에서 전래된 당악정재(唐樂呈才)와 한국에서 제정된 향악정재(鄕樂呈才)로 구분된다.

19) 봉래의는 조선의 세종이 태조 창업의 공덕을 칭송하여 친히 지은 춤으로 흔히 용비어천가를 창사로 부른다. 형식은 전인자(前引子), 진구호(進口號,) 여민락,

서 만중삭의 삼기로 이루어진 속도의 변화는 궁중음악에서뿐 아니라 오랜 세월을 내려오는 동안 민속음악에서도 확산된 것이다.[21] 다음은 날뫼북춤의 첫 부분의 질굿과 마지막 부분의 인사굿을 포함하여 열두 마당의 진행과 관련하여 춤사위와 장단 그리고 특징 등을 설명하였다.

1) 질 굿

질굿의 '질'이란 경상도와 충청도 지방의 방언으로 길을 뜻한다. 질굿은 풍물잡이들이 당산제나 가옥의 지신밟기를 하기 위하여 목적지까지 가는 동안 연행하는 행군악을 지칭하는 말이다. 질굿을 함으로써 풍물꾼 스스로 흥을 돋우거나 본격적인 판굿에서 풍물을 치기 위한 준비의 기능을 갖는다. 내부적으로는 풍물꾼들이 장단에 맞추어 행진을 하므로 결속을 다지며, 외부적으로는 주위 사람들에게 놀이판에 함께 참여하기를 바라는 권유의 의미를 갖기도 한다. 비산농악에서 사용되었던 길군악은 날뫼북춤에서 그대로 사용되고 있지만 날뫼북춤의 무대공연이 잦아지면서 자진모리장단을 사용하

치화평, 취풍형(醉風亨), 후인자(後引子), 퇴구호(退口號)로 구성된다. 전인자는 전주곡, 후인자는 후주곡에 해당되며 진구호와 퇴구호는 춤의 앞뒤에서 죽간자(竹竿子)가 부르는 구호이고 나머지는 무원들이 부르는 노래이다.

20) 치화평은 조선 세종 때 제작된 아악의 곡명으로 용비어천가에 맞추어 연주하기 위하여 작곡되었다. 악보는 5권으로 이루어졌으며 용비어천가 전편을 남여궁조(南呂宮調)의 가락에 얹어 연주하였는데 모두 2,401각(刻)에 달하는 방대한 곡조이다. 이는 용비어천가의 가무구성에서 서막, 제1장 여민락무(與民樂舞) 다음에 치화평무를 출 때 연주하였다.

21) 전인평, "한국 정재의 음악", 『고전희곡연구』 6(2003), 83쪽.

거나 행군이 필요치 않는 공간에서는 이 부분을 생략하기도 한다.

질굿은 장단의 흐름에 따라 세 부분으로 나눌 수 있다. 첫째 부분은 열림굿이며, 둘째 부분은 질굿이며, 셋째 부분은 길군악이다. 첫째 부분의 열림굿은 말 그대로 소리를 여는 굿이다. 첫 소리인 상쇠의 반 장단 "갱개 갱개 갱개 갱개"에 따라 나머지 풍물은 매우 빠른 휘물이장단으로 몰아친다. 풍물잡이들은 열림굿을 할 때 한데 바짝 다가서서 풍물을 치므로 서로간의 전열을 점검하는 역할을 할 뿐 아니라 풍물잡이들 서로간의 단결과 긴장을 고조시킨다. 날뫼북춤이 실내의 무대연행일 경우 북잡이들이 입장하기 전에 조명을 어둡게 하여 무대 뒤편에서 열림굿을 친다.

열림굿이 끝나면서 북잡이들은 2열종대로 줄을 맞추어 풍물놀이를 펼치는 마당으로 가면서 보통빠르기의 질굿을 친다. 이 때 한글로 크게 날뫼북춤이라고 쓴 단기를 든 기수가 앞장을 서며 영기를 든 기수 두 명을 단기의 뒤를 따른다. 그리고 오방기를 든 기수 다섯 명이 그 뒤를 따르는 데 무대가 좁거나 풍물잡이들의 숫자가 적을 때에는 오방기를 생략하기도 한다.

기수의 뒤를 이은 풍물꾼들은 맨 먼저 상쇠와 부쇠가 앞장을 선다. 그 다음 징잡이와 장구잡이가 따라가며 마지막으로 북잡이가 뒤를 따른다. 대부분 마당에서 북잡이들은 통일된 춤동작을 이루어내기 위하여 서로 발을 맞추지만 질굿을 치는 동안에 풍물꾼들은 서로 발을 맞추지 않는다. 그 이유는 원래 풍물잡이들이 논두렁이나 밭두렁의 좁고 구불구불한 길을 터덜터덜 걸어가며 치던 것이기 때문에 장단에 발을 맞추기 어려울 뿐 아니라 굳이 발을 맞출

필요가 없다. 근래에 무대연행이나 좁은 공간에서 북춤이 연행될 때 풍물꾼들은 '之'자 모양을 그리며 무대나 마당에 입장한다.

이 때의 장단도 처음 시작은 상쇠의 반 장단 신호 "갱 갠지라 갠지라 갱"에 따라 나머지 풍물이 함께하는 "개갱 갱 - 개갱"으로 장구와 북은 "덩덩 덩 - 덩덩"으로 같은 장단을 친다. 그러므로 이 부분의 쇠 장단은 "갱 갠지라 갠지라 갱 개갱 갱 - 개갱"의 선소리와 "개개 갠지라 갠지라 갱 개갱 갱 - 개갱"의 후소리로 주고받는다. 전후 8박으로 구성된 한 장단은 모두 16박으로 이루어져 있으며 다른 장단에 비하여 박의 길이가 긴 편에 속한다.

질굿의 셋째 부분인 길군악에서는 남방가락을 치는데 여기서부터 보통 걸음걸이로 발을 맞추어 걷는다. 말 그대로 길군악은 군사들이 행진을 하면서 치는 행군악이며 장단은 매우 경쾌하고 씩씩하다. 장단의 흐름은 상쇠와 부쇠로 두 개의 조로 나누어 반 장단씩 서로 주고받는다. 상쇠가 "개개개 개개개 개개개 갱캑"의 장단을 치면 부쇠는 "개개개 개개개 개개개개 갱캑"으로 화답한다. 부쇠가 받는 장단을 칠 때 장구와 북은 부쇠와 같은 장단을 치지만 장구와 북은 각각 변죽과 북테를 치므로 소리는 "따따따 따따따 따따따따 따따"로 들린다.

풍물놀이에서 상쇠는 숫쇠라 하여 야물고 높은 소리를 내며, 부쇠는 암쇠라 하여 부드럽고 낮은 소리를 낸다. 숫쇠와 암쇠가 서로 짝을 이루어 주고받는 형식을 취하므로 일명 '짝쇠놀이'라고 한다. 상쇠와 부쇠, 즉 수쇠와 암쇠놀이에서 마치 한 쌍의 수새와 암새가 주고받으며 재잘거리듯 오묘한 소리의 조화를 이루어 낸다.

<그림 16> 두 줄씩 짝을 지어 놀이마당으로 행군하는 질굿

풍물꾼들의 행진이 끝나고 판굿이 벌어질 본 마당에 도착하면 북잡이들은 곧바로 원진대형을 만든다. 원진형태는 마당의 크기와 북잡이의 인원에 따라서 적당한 크기의 원을 한 개 만든다. 북잡이들은 몇몇 마당을 제외하고 대부분의 마당에서 원진을 따라 시계바늘의 반대방향으로 선회한다. 풍물놀이에서 원진대형을 이루는 것은 풍물꾼들과 구경꾼들뿐 아니라 한걸음 더 나아가 마을이라는 공동체의 상호협력과 결속을 다지는 의미가 담겨져 있다. 또한 원진대형은 외부세력에 대한 강한 저항과 응집력을 표출하는 것이며 내적통합을 강화하는 데 기여하는 것이다.

북잡이들이 본 마당에서 원진대형을 이루는 동안 북잡이 이외의 쇠잡이, 징잡이, 장구잡이들은 기수들과 함께 마당의 측면 가장자리에 일렬로 늘어선다. 북잡이들이 놀이마당에서 원진대형을 만들면 쇠는 '짝쇠놀이'를 중지하고 자진모리의 기본 장단인 "갠지 갠지 갠지라 개갱, 개갱 갠지 갠지라 개갱"을 친다. 원진대형이 충분히 이루어진 다음 상쇠의 마무리 신호에 맞추어 북잡이들은 원진 바깥의 구경꾼들에게 정중히 인사를 한다.

<그림 17> 쇠, 징, 장구의 풍물잡이들은 기수들과 함께 원진 바깥에서 연주한다.

2) 정적궁이

구경꾼들을 향하여 인사를 한 후 상쇠의 짧은 신호에 따라 모든 풍물잡이들은 연타성의 풍물을 친다. 이 때 북잡이들은 선 채로 왼발 앞꿈치와 오른발 뒷꿈치를 이용하여 시계바늘의 반대방향으로 몸을 회전하는 자유연풍대를 한다. 자유연풍대는 본 마당을 시작하기에 앞서 한 번만 실시하는데 북잡이들이 빠르게 몸을 회전하면서 연풍대를 하는 것은 본 마당이 시작하기 전에 긴장된 몸을 풀어주는 기능을 갖는다. 실제로 이보다 더 큰 이유는 본 마당에 앞서 연풍대를 함으로써 서막과 같은 역할을 하며 앞으로 펼쳐질 전체 열두 마당에 대한 예시적인 성격을 함축하여 나타내는 것이다.

연풍대는 아니지만 첫 부분의 자유연풍대처럼 모든 풍물잡이들이 연타성의 장단을 치는 부분이 몇몇 군데가 있다. 이 장단을 치는 것은 전체 열두 마당을 몇 개의 단위로 구분 짓는 역할을 하는데 주로 속도나 장단이 크게 변화되는 부분의 마당과 마당 사이에서 실시된다. 열두 마당 중 넷째 마당과 다섯째 마당 사이와 일곱째 마당과 여덟째 마당 사이 그리고 아홉째 마당과 열째 마당의 사이에서 각각 실시된다. 그러므로 첫째 부분은 첫째 마당에서 넷째 마당까지이며, 둘째 부분은 다섯째 마당에서 일곱째 마당까지이며, 셋째 부분은 여덟째 마당에서 아홉째 마당까지이며, 넷째 부분은 열째 마당에서 열두째 마당까지로 구분할 수 있는 것이다.

본 마당의 첫째 마당은 정적궁이로 시작한다. 정적궁이의 어원은 "정저 적 궁"하고 북소리가 나는 대로 옮긴 것이다. 이 장단은 농악과 무가(巫歌)에 쓰이는 민속악장단 중 하나로 각 지역마다 명칭과 장단에 있어서 약간의 차이를 보인다. 경기도, 충청도, 전라북도에서는 정적궁이를 '덩덕궁이'로 부르며 전라남도에서는 '떵떵이덜궁'으로 부른다. 함경도에서는 '정적기'라고 부르며 경상도에서는 '정적궁이'나 '정자꿍이' 또는 '무정작궁이'라고 부른다.

비산농악과 날뫼북춤에서 사용되는 정적궁이는 다른 지역에서 사용되지 않는 독특한 가락이다. 정적궁이의 가락은 웅장한 북소리로 경상도의 남성적 기개를 느낄 수 있다. 날뫼북춤 열두 마당의 시작 마당인 첫째 마당에서부터 웅장한 북소리와 더불어 북잡이들의 절도 있고 간결한 춤사위는 풍물의 여러 요소들 중 군사굿적인 요소가 잘 반영된 것이다.

<표 3> 정적궁이 춤사위

박		1			2			3			4		
춤사의													
쇠	부호	○	◦	○	○			○	◦	○	○		
	구음	갠	지	갠	갱			갠	지	갠	갱		
장구	부호	⦶		⦶	⦶			⦶		i	|		
	구음	덩		덩	덩			덩		기덕	따		
북	부호	○		○	○			○					
	구음	덩		덩	덩			덩					
징	부호	○											
	구음	징											

자유연풍대가 끝난 다음 정적궁이는 상쇠의 반 장단 "갠지갠 갱 갠지갠 갱"으로 시작한다. 상쇠의 반 장단에 이어 나머지 풍물은 반

는 가락을 친다. 쇠의 후속 가락은 "갠지갠지 갱 갠지갠 갱"으로 앞 장단에서 짧은 한 음을 첨가한다. 장구는 "덩덩 덩 덩기덕 따"를 한 번은 합 장단으로 치며, 또 한 번은 궁채로 채편을 같이 친다.

북잡이들은 "덩덩 덩 덩"을 치면서 한 박에 한 걸음씩 경쾌하게 뛴다. 이 때 북잡이들은 한 번은 진행방향의 45도 각도로 원진의 안쪽 방향을 쳐다보면서 뛰고, 또 한 번은 45도 각도의 원진 바깥쪽을 쳐다보면서 번갈아가며 뛴다. 북잡이들은 첫째 박에서 셋째 박까지 "덩덩 덩 덩"을 친 후, 넷째 박에서는 북채를 높이 치켜든다.

<그림 18> 정적궁이장단을 치면서 뛰듯이 원진을 돌고 있는 모습

북잡이들은 정적궁이장단에 따라 진행하다가 상쇠의 신호에 따라 네 번의 북넘기를 실시한다. 북넘기는 씨름의 뒤집기 원리를 이용한 것으로서 북잡이가 자신의 몸을 뒤로 젖히며 북과 함께 돌려 넘기는 춤사위이다. 북잡이들은 북넘기를 실시하기 바로 직전 북넘

기를 하기 위해 발을 바꾼다.

북넘기의 춤동작은 첫째 박에서 상체를 앞으로 약간 숙이면서 깨금발[22]을 뛰듯 오른발을 약간 들어올린다. 둘째 박에서 들어올린 오른발을 내려놓으면서 왼발을 살짝 드는 동시에 몸과 함께 북을 날려 왼쪽으로 크게 뛰어오를 자세를 취한다. 셋째 박에서 오른발로 뛰면서 원심력을 이용하여 북을 머리 위쪽으로 최대한 크게 벌리면서 뛰어오른다. 이 때 북이 날려 흐트러지지 않도록 왼손으로 북을

<표 4> 북넘기

박		1			2			3			4		
춤사위													
쇠	부호			○	○			○		∘○	●		
	구음	(읏)		지	갱			갠		지갠	캑		
장구	부호	⦶		⦶	⦶			◐		i	|		
	구음	덩		덩	덩			덩		기덕	따		
북	부호	○		○	○			○					
	구음	덩		덩	덩			덩					
징	부호	○											
	구음	징											

22) 깨금발은 앙감질의 경상도 방언으로 발뒤꿈치를 살짝 들어 올린다는 뜻이다.

고정시킨다. 넷째 박에서 왼발을 진행방향으로 내려딛으면서 다음 동작을 준비하고 시선은 진행방향을 향하도록 한다.

이러한 방법으로 북잡이들은 북넘기를 네 번 연속으로 실시하며 북넘기가 모두 끝난 다음 지금까지 진행되어 온 과정을 처음부터 한 차례 더 반복한다. 한 차례 더 반복할 때에는 반복하기 전과 비교하여 단지 속도의 차이만 보여주는데 반복하기 전에는 보통 빠르기로 진행하였지만 반복하였을 때에는 조금 빠른 속도로 진행한다.

날뫼북춤에서 북넘기는 북잡이의 춤사위 중 가장 크고 화려한 동작이다. 이 동작은 북잡이 자신이 북과 함께 몸을 날려 위로 솟구치는 역동성과 경쾌한 멋을 보여준다. 열두 마당 중에서 북넘기가 실시되고 있는 마당은 첫째 마당, 둘째 마당, 셋째 마당, 일곱째 마당, 아홉째 마당, 열한째 마당, 그리고 열두째 마당이다. 이처럼 북넘기는 열두 마당 중 절반이 넘는 일곱 마당에서 실시되고 있으며, 열두 마당 중 주로 앞쪽 마당과 뒤쪽 마당에서 집중적으로 실시되고 있다. 이것은 북잡이들의 장중한 북넘기 춤사위를 통하여 날뫼북춤의 역동성을 보여주는 대목이기도 하다.

또한 날뫼북춤에서 실시되고 있는 북넘기는 다른 북춤이나 풍물에서 찾아볼 수 없는 화려하고 독창적인 북춤사위이다. 간혹 다른 지역 북춤의 경우 북잡이의 허리 위치에서 북을 안고 넘기는 춤사위는 볼 수 있으나 북잡이 자신의 머리 위로 크게 북을 날려 몸과 함께 북을 넘기는 동작은 날뫼북춤에서만 볼 수 있는 특징적인 북춤사위이다.

<그림 19> 왼발을 축으로 하여 북넘기를 하기 직전의 모습

3) 반직굿

둘째 마당은 반직굿으로 몸짓이나 행동 따위를 반으로 줄여서 한다는 '반(半)짓'에서 비롯된 말이다. 반직굿의 '직'은 몸을 놀려 움직이는 '짓'을 소리 나는 대로 적은 것이다. 반짓굿을 다른 말로 '마당굿' 또는 '자반듣이'라 부르기도 한다. 이 마당의 후반부에서는 연풍대와 앉을상 그리고 북넘기 등 고난도의 북묘기가 연속적으로 펼쳐진다.

반직굿에서 조금 빠른 자진모리장단에 따라 북잡이들은 약간 빠른 걸음걸이로 원진을 돈다. 자진모리장단의 기본 쇠가락은 "갠지 갠지 갠지라 개갱, 개갱 갠지 갠지라 개갱"으로 앞 가락과 뒤 가락이 서로 주고받는다. 우리나라 대부분의 풍물에서 이 가락을 자진모리의 기본 쇠가락으로 사용하고 있다. 구전으로 이 가락을 전수할 때 가락에 맞추어 "땅도 땅도 내땅이다, 조선 땅도 내땅이다."의 뜻을 담아 쇠를 치기도 한다. 자진모리장단의 장구가락은 "덩기덕 쿵따 덩기덕 쿵따"를 연속해서 반복한다. 앞부분 "덩기덕 쿵따"의 "덩"과 "쿵"에서는 궁채로 왼쪽 궁편을 치지만 반복되는 뒷부분의 "덩기덕 쿵따"의 "덩"과 "쿵"에서는 궁채로 채와 함께 오른쪽 채편을 친다. 이 때 북가락은 "덩더 덩더 덩더 덩"을 연속해서 친다.

자진모리장단이 얼마간 진행된 후 쇠는 사사꾸장단을 친다. '사사꾸'라는 말은 쇠의 "개갠지"를 다르게 표기한 것이다. 사사꾸장단은 매우 부드러우면서 연속적으로 빠르게 치는 가락이어서 실제로 쇠 소리는 "사사꾸 사사꾸 사사꾸…"라고 하는 것처럼 들린다. 한 차례의 사사꾸장단을 친 후 다시 자진모리장단을 친다.

자진모리장단을 어느 정도 친 다음 쇠의 닫는 신호 "캑" 다음부터 북잡이들은 힘찬 연풍대에 들어간다. 이 연풍대는 첫째 마당을 시작하기 전의 연타를 치며 했던 자유연풍대와 달리 규칙적으로 북을 치면서 연풍대를 한다. 연풍대의 과정은 첫째 박에 왼발을 딛음과 동시에 왼발의 앞꿈치를 축으로 하여 반 바퀴를 돈다. 둘째 박에 오른발을 감아 왼발 앞에 놓으며 동시에 오른발의 뒷꿈치를 축으로 하여 반 바퀴를 돈다. 이와 같은 방식으로 두 박에 한 바퀴씩 돌며 동작이 연결되도록 계속하여 총 여섯 바퀴를 돈다. 북은 한 박에 한 점씩 매우 강하게 쳐 나간다.

<표 5> 연풍대

박		1			2			3			4		
춤사위													
쇠	부호	○		○	○	○	○	○		○	○	○	○
	구음	갠		개	개	개	개	갠		개	개	개	개
장구	부호	⦶		i	◉	|		⦶		i	◉	|	
	구음	덩		기덕	쿵	따		덩		기덕	쿵	따	
북	부호	○			○			○			○		
	구음	덩			덩			덩			덩		
징	부호	○											
	구음	징											

<그림 20> 북잡이들은 제자리에서 돌면서 힘차게 연풍대를 한다

연풍대를 한 다음 북잡이들은 앉을상을 실시한다. 앉을상의 춤사위는 몸의 정면에 북을 유지한 채 첫째 박에서 상체를 세우고 양발을 모아 오금을 구부려 앉는 자세를 취한다. 둘째 박에서 살짝 뛰며 오른발을 쭉 펴서 위로 향하게 하여 든다. 셋째 박에서 오른발을 내딛고, 넷째 박에서 왼발을 내딛으며 오금을 많이 구부려 걷는다.

<표 6> 앉을상

박		1			2			3			4		
춤사위													
쇠	부호	○			○	○		○		○		○	
	구음	갱			개	갱		캥		캥		캥	
장구	부호	⦶			◉			○		i	◉	|	
	구음	덩			쿵			덩		기덕	쿵	따	
북	부호	○			○			○		○		○	
	구음	덩			덩			덩		덩		덩	
징	부호	○											
	구음	징											

북잡이들은 앉을상을 할 때 장구를 두 번째 박에서 궁채로 채편을 친 후 궁채를 안쪽으로 감아올리는 채발림을 한다. 북잡이들은 두 번의 앉을상을 한 후 곧바로 북넘기로 넘어간다. 북넘기는 정적

궁이에서와 같이 연속으로 네 번을 실시하며 북넘기가 모두 끝나면 이 마당이 종결된다.

4) 엎어빼기

셋째 마당 엎어빼기는 북넘기의 춤사위에서 비롯된 말로 '엎는 것'과 '빼는 것'을 합성한 단어이다. '엎는 것'은 북넘기에 해당되며 '빼는 것'은 앉을상에 해당된다. 이미 이전 마당에서 북잡이들이 북넘기를 실시한 바 있었지만 이 마당에서는 여러 차례 북넘기와 앉을상을 반복하여 실시하기 때문에 엎어빼기라는 마당명이 된 것이다.

<그림 21> 북잡이들이 북과 몸을 힘차게 날려 북넘기를 하는 모습

상쇠는 조금 빠른 속도로 자진모리장단을 재량껏 치다가 마무리 신호에 따라 북잡이들은 북넘기를 하기 위하여 발을 바꾼다. 북잡이들

은 한 차례 북넘기를 실시한 다음 곧바로 두 번의 앉을상을 실시한다. 앉을상에 이어 북넘기와 앉을상을 각각 두 번씩 실시하고 다시 북넘기와 앉을상을 각각 두 번씩 반복한다. 마지막으로 북넘기를 한 번 하여 이 마당을 종결짓는다. 그러므로 엎어빼기 마당은 전체적으로 북넘기와 앉을상을 두 번씩 각각 세 차례 반복하는 셈이 된다.

이 마당에서 북잡이들은 북넘기와 앉을상을 연속적으로 실시하여 활달하고 씩씩하면서 현란한 춤사위를 보여준다. 엎어빼기에서 북넘기와 앉을상을 반복하는 것은 자연과 우주에 음양의 이치를 표현하려는 뜻이 담겨져 있다. 즉 북넘기는 하늘을, 앉을상은 땅을 나타내므로 북춤 속에 우주의 조화를 이루고자 하는 것이다.

셋째 마당 엎어빼기에서는 사사꾸장단만 제외하면 둘째 마당 반직굿의 장단을 그대로 사용한다. 북넘기에서 쇠가락은 "갠지라 갠지라 갠지라 개갱, 개개개 개개개 갠지라 개갱"을 주고받으며 반장단에 한 차례씩 북넘기가 이루어진다. 이 때 장구는 "덩 덩 덩기덕 쿵따"로 앞부분 "덩 덩"의 합장단에 이어 궁채는 다음 장단 "덩"과 "쿵"에서 궁채로 채편을 친다.

두 번의 앉을상에서 쇠가락은 "갱 캣지 갠지라 개갱"을 두 번 연속하여 반복한다. 두 번째 박의 "캣"은 쇠의 울음을 막아서 치는 소리이다. 이 때 장구도 "덩 쿵 덩기덕 쿵따"를 두 번 반복한다. 두 번째 박의 "쿵"은 궁채로 채편을 침과 동시에 채발림을 한다.

<그림 22> 북잡이들이 오금을 구푸려 앉을상을 하고 있는 모습

5) 다드래기

다드래기라 불리는 넷째 마당은 휘모리장단의 경상도식 표현으로 일명 '버꾸놀음'이라고도 한다. 다드래기마당에서는 전체적으로 매우 빠르고 씩씩한 느낌을 준다. 이 마당에서는 강렬하고 웅장한 북소리와 함께 회오리바람처럼 빠르게 돌아가는 연풍대가 펼쳐진다. 마당의 마지막부분에서는 북잡이들이 총총걸음이나 겹걸음뛰기를 하는 발재간도 보여준다.

마당의 속도는 이전 마당의 마지막 부분에서 빨라진 속도를 그대로 이어받아 처음부터 빠른 속도로 시작한다. 장단은 매우 빠른 휘몰이장단으로 시작하는데 쇠가락은 마당이 진행됨에 따라 조금씩 변형된 형태의 장단을 보여준다. 휘몰이 기본 쇠가락 "지갱 캥

지갱 캥"은 "캥 캔지 개개 캥", "웃 캔지 개개 캑", "개갱 개갱 캥", "웃 캑 웃 캑"으로 점차 바뀌어 나간다. 이 때 장구는 휘몰이 기본 장구가락인 "덩 덩 덩기덕 쿵"을 쳐 나간다. 단지 쇠에서 변형된 쇠가락 "웃 캔지 개개 캑"을 칠 때 장구에서도 "기덕 쿵 쿵 기덕 쿵"으로 변형된 장단을 칠 뿐이다.

휘몰이장단이 어느 정도 진행되다가 상쇠의 신호에 따라 북잡이들은 네 바퀴의 연풍대를 돈다. 이 연풍대는 반직굿의 연풍대와 같은 방식이지만 북잡이들이 매우 빠른 속도로 회전하기 때문에 두 박에 한 점씩 북을 친다. 연풍대에서 쇠는 "갠 개개 갠 개개"를 빠르게 반복한다. 장구는 "쿵 따따 쿵 따따"의 가락으로 첫 번째 "쿵"은 궁채로 궁편을, 두 번째 "쿵"은 궁채로 채편을 번갈아가며 친다. "따따"에서는 열채로 변죽을 친다.

북잡이들의 힘찬 연풍대가 끝나면 총총걸음을 한다. 쇠는 "갠지 갠지"를 빠르게 반복해서 치며 장구는 "쿵따 쿵따"를 연속해서 친다. 이 때 첫 번째 "쿵"은 궁채로 궁편을 치며 두 번째 "쿵"은 궁채로 채편을 번갈아 가며 빠르게 친다. 총총걸음이 끝나면 북잡이들은 깨금발을 뛰듯 겹걸음뛰기를 한다. 겹걸음뛰기를 한 후 태극진 대형을 형성하며 진행하다가 다시 원진대형을 만든다. 원진대형을 이루면서 이전과 같이 다시 네 번의 연풍대를 실시하고 총총걸음을 한다. 즉, 북잡이들은 점점 속도를 늦추면서 총총걸음을 하게 되는 것이다. 마지막 부분에서는 높이 뛰어오르면서 마지막 박을 다함께 힘차게 내려치고 이 마당을 끝낸다. 북잡이들은 다드래기마당이 끝나면 그동안 몰아치듯 빠르게 진행되어 오던 춤사위를 잠시 멈추고 원진을 걸어가며 옷매무새를 가다듬고 가쁜 숨을 고른다.

<그림 23> 빠른 속도로 휘몰이 장단을 치면서 태극진대형을 구성하는 모습

6) 물레돌기

물레들기는 강강술래를 경상도식으로 표현한 말로 팔월 한가위 때 여인들의 민속놀이인 강강술래를 북춤에 응용한 것이다. 물레돌기라는 말은 북잡이들이 원진의 바깥을 향하여 옆으로 껑충껑충 뛰는 모습이 마치 물레가 도는 것처럼 보인다고 해서 붙여진 이름이다.

다섯째 마당인 물레돌기를 시작하기 전에 모든 풍물잡이들은 상쇠의 짧은 신호에 따라 연타를 친다. 연타를 친 다음 쇠잡이는 조금 느린 속도로 "갠지 캣지 갠지 캣지, 갠지 갠지 갠지 캣지, 개갱 개갱 갱 캑"의 쇠가락을 친다. 북잡이들은 첫째 박에서 셋째 박까지 옆 뛰기를 하면서 한 박에 한 점씩 북을 친 후, 마지막 넷째 박에서 한쪽 발을 진행방향의 안쪽으로 살짝 들어올린다. 이 때 풍물잡이들은 "허이!"라고 추임새를 넣어 흥을 돋운다.

<표 7> 물레돌기

박		1			2			3			4		
춤사위													
쇠	부호	○	◯		○	◯		◯			●		
	구음	개	갱		개	갱		갱			캑		
장구	부호	⦶	⦶		⦶	⦶		⦶			×		
	구음	덩	덩		덩	덩		덩			딱		
북	부호	○			○			○			⊘		
	구음	덩			덩			덩			덩		
징	부호	○											
	구음	징											

물레돌기에서 한 장단을 세 번 반복하는 동안 북잡이들은 시계바늘의 반대방향으로 옆 뛰기를 한 후, 반대로 시계바늘의 방향으로 옆 뛰기를 한 다음 다시 시계바늘의 반대방향으로 옆 뛰기를 하여 원래의 진행방향으로 진행한다. 북잡이들이 물레돌기를 하는 동안 장구잡이들은 "덩 쿵 덩 쿵, 덩 쿵 덩 쿵, 덩덩 덩덩 덩 딱"을 세 차례 반복한다.

장구장단에서 "덩"은 합장단이며 "쿵"은 궁채로 채편을 침과 동시에 채발림을 하는 부분이다. 장구잡이는 마지막 박에서 변죽을 치며 북잡이는 북테를 치므로 "딱" 하는 소리가 난다.

이 마당은 다른 마당에 비하여 마당의 길이가 매우 짧은 편이다. 뿐만 아니라 물레돌기를 하는 기본 장단 외에 다른 장단이나 과정이 일절 포함되어 있지 않으므로 다른 마당에 비하여 단조롭다고 할 수 있다.

<그림 24> 북잡이들은 원진의 바깥을 향하여 옆 뛰기를 하면서 북을 친다.

7) 허허굿

여섯째 마당 허허굿은 "허허"라는 웃음소리에서 유래된 마당의 명칭으로 일명 '호호굿'이라고도 한다. "허허"라는 웃음소리에는 잡귀를 몰아냈으므로 기분이 아주 좋다는 뜻이 담겨 있다. 이 마당에서 북잡이들은 질주하듯 양발을 번갈아 솟구쳐 뛰며 남성적인 씩씩한 기상을 뽐낸다. 허허굿은 이전 다섯째 마당 물레돌기와 같은 속도로 진행되며 마당의 길이도 다섯째 마당처럼 비교적 짧은 편에 속한다.

<표 8> 허허굿

박		1			2			3			4		
춤사위													
쇠	부호	○	○		●	●		○	○		●	●	
	구음	갱	갱		캑	캑		갱	갱		캑	캑	
장구	부호	⦶	⦶		×	×		⦶	⦶		×	×	
	구음	덩	덩		딱	딱		덩	덩		딱	딱	
북	부호	○	○		⊘	⊘		○	○		⊘	⊘	
	구음	덩	덩		딱	딱		덩	덩		딱	딱	
징	부호	○						○					
	구음	징						징					

북잡이들은 첫째 박에서 왼발을 내딛고 오른발을 굽혀 뛰어오른 다음 내려오면서 "덩덩" 하고 북편을 친다. 둘째 박에서 오른발을 내딛는 동시에 왼발을 굽혀 뛰어오르고 내려오면서 "딱딱" 하고 북테를 친다. 북잡이들은 계속해서 북편과 북테를 번갈아가며 치는데 북테를 칠 때마다 큰소리로 "허허"라고 외쳐 흥을 돋운다. "덩덩 딱딱"을 네 번 한 다음 짧은 경과구를 거쳐 한 차례 더 "덩덩 딱딱"을 반복한다.

그리고 짧은 경과구 다음 "덩덩 딱딱"을 두 번 반복하고 보통 빠르기의 자진모리 기본장단으로 허허굿을 마무리한다.

허허굿의 이전 마당인 물레돌기에서 북잡이들은 원진 바깥을 보며 큰 폭으로 옆 뛰기를 하지만 허허굿에서 북잡이들은 북을 몸의 전면에 두고 원진방향으로 발을 굽히면서 최대한 위로 솟구쳐 뛰어오른다. 이 동작은 연속적으로 이루어지면서 "허허"라고 외쳐야 하므로 북잡이들에게 강한 힘을 요구하고 있다. 그러므로 허허굿은 북잡이 자신의 전면에 북을 안고 느린 속도로 최대한 위로 솟구쳐야 하기 때문에 북잡이에게 더욱 힘에 겨운 마당이라 할 수 있다.

<그림 25> 큰 걸음으로 뛰어오르면서 "허허"라고 한 후 "딱딱" 하고 북통을 치는 모습

8) 오방진

오방진(五方陣)은 일곱째 마당으로 동서남북 중앙의 다섯 방위에 화평과 강녕을 비는 춤판이다. 북잡이가 열두 명일 경우 수북을 중심으로 가운데 네 명과 동서남북 사방에 각각 두 명씩 짝을 지어 다섯 개의 그룹을 만든다. 오방진에서는 허허굿 마지막부분의 자진모리장단에 이어 빠른 자진모리장단으로 진행한다.

<그림 26> 오방진에서 세 명씩으로 나누어 북넘기를 하기 직전의 모습

북잡이들은 자진모리장단으로 원진을 돌다가 오방진대형이 형성되면 상쇠의 신호에 따라 북넘기와 앉을상을 두 번씩 번갈아 가며 세 차례 실시한다. 이 부분의 북넘기와 앉을상은 넷째 마당 엎어빼기와 동일한 과정으로 진행된다. 단지 여기에서는 넷째 마당의 원진대형에서 실시한 것과 달리 북잡이들이 다섯 개 그룹으로 형성

되어 북넘기와 앉을상을 하는 것만 차이가 있을 뿐이다. 엎어빼기의 모든 과정이 끝나면 북잡이들은 자진모리장단에 맞추어 오방진 대형을 풀고 다시 원진대형으로 돌아간다.

9) 모듬굿

여덟째 마당은 모듬굿으로 여러 가락이 모여 있다고 하여 '모듬'이라는 명칭이 붙었다. 모듬굿에서는 서로 다른 장단을 급하게 교차시켜 놓은 마당이다. 주로 자진모리장단과 사사꾸장단을 서로 대비시켜 장단의 변화를 유도하며 느린 속도에서 빠른 속도로 바뀌어 속도의 변화를 가져오기도 한다.

모듬굿을 시작하기 이전에 일곱째 마당 오방진의 마지막부분에서 빨라졌던 속도를 늦추고 모든 풍물잡이들은 연타를 친다. 모듬굿에서 시작부분의 연타뿐 아니라 다른 마당과 비교할 때 시작부분이 다르다. 첫 시작부분의 메기는 반 장단에서 북잡이들은 한 박씩 크게 네 번을 치면서 느린 걸음걸이로 제자리 뛰기를 한다. 첫째 박에서 셋째 박까지 왼발과 오른발을 번갈아 내딛고 넷째 박에서 오른발을 진행방향으로 내딛는다. 양쪽 발을 번갈아가며 뛸 때 드는 발은 앞쪽을 향하게 하고 앞 발끝 부분을 위로 향하도록 한다.

<표 9> 모듬굿 시작부분

박		1			2			3			4		
춤사위													

쇠	부호	○		○	○		○	○		∘○	○	○	
	구음	갠		지	갠		지	갠		지라	개	갱	
	부호	○	○		○		○	○		∘○	○	○	
	구음	개	갱		갠		지	갠		지라	개	갱	
장구	부호	⦶			⦶			⦶		i	○	|	
	구음	덩			덩			덩		기덕	쿵	따	
	부호	⦶		i	○	|		◐		i	◉	|	
	구음	덩		기덕	쿵	따		덩		기덕	쿵	따	
북	부호	○			○			○			○		
	구음	덩			덩			덩			덩		
	부호	○											
	구음	덩											
징	부호	○											
	구음	징											
	부호	○											
	구음	징											

연이어 받는 반 장단에서 첫 박에 강하게 내려치면서 왼발부터 원진방향으로 한 박에 한 걸음씩 큰 폭으로 겹걸음뛰기를 한다. 북잡이들이 겹걸음뛰기를 할 때 상체를 약간 앞으로 숙이고 북채를 높이 치켜든 채 시선을 아래로 향하게 한다. 이 때 북춤사위는 학이 두 발로 걷다가 외발로 서서 자태를 뽐내듯 하는 모습을 보여주고 있는데 북잡이들의 춤사위가 한층 멋스러워 보인다.

<그림 27> 모듬굿의 시작부분에서 큰 보폭으로 뛰어나가면서 북채를 높이 치켜든 모습

느린 자진모리장단으로 두세 장단 정도 진행하다가 두 개의 원진을 이루고 속도가 점점 빨라지면서 원진의 안쪽을 보면서 옆 뛰기를 한다. 북잡이들이 옆 뛰기를 하는 동안 쇠는 사사꾸장단을 치며 북은 “덩더 덩더 덩더 덩”을 빠르게 친다. 옆 뛰기가 끝나면 쇠가락의 자진모리장단에 맞추어 북잡이들은 제자리걸음을 하면서

대형을 정비한다. 그리고 상쇠의 신호에 따라 북잡이들은 제자리에서 도는데 왼발을 축으로 하여 오른발의 뒷꿈치를 약간 들고 앞꿈치로 자연스럽게 자신의 앞쪽을 찍으며 천천히 두 바퀴를 돈다.

<표 10> 제자리에서 천천히 돌기

박		1			2			3			4		
춤사위													
쇠	부호	○	○	○	○	○	○	○	○	○	○	○	
	구음	사	사	꾸	사	사	꾸	사	사	꾸	사	사	
장구	부호	⦶	ǀ	ǀ	◉	ǀ	ǀ	○	ǀ	ǀ	◉	ǀ	
	구음	덩	따	따	쿵	따	따	쿵	따	따	쿵	따	
북	부호	○		○	○		○	○		○	○		
	구음	덩		더	덩		더	덩		더	덩		
징	부호	○											
	구음	징											

북잡이들이 제자리에서 돌 때 쇠는 사사꾸장단을 치며 연이어 자진모리 한 장단을 치는 동안 북잡이들은 다시 제자리걸음을 한다. 또 다시 쇠는 재량껏 사사꾸장단을 치는데 북잡이들은 서서히 중앙으로 모인다. 북잡이들이 어느 정도 모이면 쇠의 신호에 따라 다함께 몰우는 장단을 친다. 북잡이들은 뛰는 듯이 한 걸음 앞으로

오른발을 내밀고 중앙으로 모이면서 "덩 덩 덩 덩 덩 덩 덩덩 덩 덩 덩덩"을 매우 강하게 치고 "덩 덩덩 덩덩 덩 덩덩 웃 덩"을 치면서 뒤로 물러나 원래의 대형을 만든다.

<그림 28> 중앙으로 모여 몰우기를 하는 장면

모듬굿에서는 자진모리장단과 사사꾸장단을 번갈아가며 친다. 북잡이들은 제자리에서 뛰기를 비롯하여 큰 보폭으로 뛰기도 하며 옆으로 뛰기도 한다. 제자리에서 북을 치기도 하고 제자리에서 천천히 돌면서 북을 치기도 한다. 대형은 한 개의 원진에서 두 개의 원진으로 만들며 중앙으로 모이고 다시 뒤로 물러난다. 모듬굿이라는 마당의 명칭에서 볼 수 있는 것처럼 이 마당에서는 다양한 장단과 춤사위가 들어 있는 마당이다.

10) 개인가락

아홉째 마당은 개인가락으로 다른 풍물 소리를 일체 내지 않고 유일하게 북소리로만으로 이루어진다. 북잡이들은 왼발로 허리를 구부린 자세로 돌기를 하는가 하면 북채를 360도 회전시키면서 북테를 치는 등 매우 섬세하고 다양한 기법들을 보여준다. 지금까지 대부분 오른손에 쥔 북채로 북을 쳤던 방식과 함께 왼손바닥으로 왼쪽 북편을 쳐 양손을 다 사용한다. 이 마당에서 마당이 진행됨에 따라 북가락은 점차 변형되고 빨라진 후 다시 느려져서 일순간 정적이 흐르는 듯한 고요함이 감돈다. 개인가락은 북잡이들의 기교가 한층 돋보이는 마당으로 북장단의 백미라 할 수 있다. 마당은 전체적으로 조금 느리게 시작되는 북 개인가락 부분과 모듬굿 일부가 재현되는 두 부분으로 나눌 수 있다. 북 개인가락은 북가락의 종류에 따라 다시 세 부분으로 나누어진다.

개인가락에서 북잡이들은 이전 마당과 같이 두 개의 원진을 이루면서 서로 마주 보며 북을 친다. '북 개인가락1'의 북가락은 "덩 덩 덩따 쿵", "덩쿵 덩 쿵따 쿵", "덩더구 덩 쿵따 쿵", "덩 덩 덩 쿵따 쿵따"로 각각 두 번씩 반복된다. "따"에서는 북채로 북테를 치며 "쿵"에서는 왼손으로 북편을 친다. 이 때의 북잡이들은 제자리걸음으로 걸으며 북채를 쥔 오른팔을 정면으로 쭉 뻗은 채 위로 올렸다 내리는 타법으로 북을 친다. 세 번째 박의 "덩더구 덩"에서 "더구"는 북채 양 끝을 이용하여 재빠르게 연결해서 친다. 네 번째 박의 "덩 덩 덩 쿵따 쿵따"에서 북잡이들은 한발 앞으로 다가서서 모여 친다.

<표 11> 북 개인가락1

박		1			2			3			4		
춤사위													
북	부호	○			○			○		⊘	✋		
	구음	덩			덩			덩		따	쿵		

<그림 29> 북 개인가락1에서 오른손 북채와 왼손으로 북편을 친다.

'북 개인가락2'에서는 "덩따 덩따 덩따 덩따", "덩따 덩따 덩따 덩따 쿵따"를 각각 두 번 친 후 뒤로 물러나면서 "덩쿵 덩 쿵따 쿵"을 한 번 친다. "덩따 덩따 덩따 덩따"를 칠 때는 무릎에 굴신

(屈伸)을 주며 연이어 "덩따 덩따 덩따 덩따 쿵따"를 칠 때는 빠르게 몰아친다. 끝부분의 "덩쿵 덩 쿵따 쿵"을 칠 때는 첫 박에 왼발을 가볍게 뒤로 살짝 뛰면서 제자리걸음을 한다.

<표 12> 북 개인가락2

박		1			2			3			4		
춤사위													
북	부호	○	⊘		○	⊘		○	⊘		○	⊘	
	구음	덩	따		덩	따		덩	따		덩	따	

'북 개인가락3'에서 북잡이들은 왼발 뒤꿈치를 축으로 오른발을 앞쪽으로 굽혀 북 밑 부분을 받쳐 든다. 외발로 허리를 약간 구부린 자세로 한바퀴 돌면서 "덩 똑 똑 똑"을 세 번 반복한다. 이 부분에서 북채를 손가락으로 360도 회전시키면서 북채 끝으로 북통에 살짝 갖다대듯 가볍게 친다. 그러므로 "똑 똑 똑" 하는 소리는 겨우 소리 날 정도이기 때문에 북잡이들의 웅크려 치는 모습과 어우러져 잠시 적막이 흐르는 듯 하는 분위기를 연출한다. "덩 똑 똑 똑"을 세 번 치고 난 다음 제자리에 살짝 뛰면서 "덩쿵 덩 쿵따 쿵"을 치고 북 개인가락을 마무리한다.

<표 13> 북 개인가락3

박		1				2				3				4			
춤사위																	
북	부호	○				∘				∘				∘			
	구음	덩				똑				똑				똑			

<그림 30> 북 개인가락3에서 왼발을 축으로 오른발을 구부려 북을 치는 모습

북 개인가락이 모두 끝나면 모듬굿의 일부가 재현되는데 빠른 자진모리장단과 사사꾸장단을 번갈아 치며 북넘기를 4회 실시한다.

11) 살풀이굿

굿판의 살풀이에 해당하는 살풀이굿에서는 굿거리장단을 사용하여 환희와 풍요를 상징하는 우렁찬 북소리와 흥겨운 어깨춤을 동반한다. 살풀이굿은 열두 마당 중에서 가장 느린 속도로 진행하지만 여유로움과 중후한 멋이 한껏 서려있는 마당이다. 근래에 들어와서 살풀이굿의 속도가 조금씩 빨라지는 현상을 보이고 있는데 현대의 사람들이 갖는 속도감과 과거의 사람들이 가졌던 속도감이 다르기 때문이다. 즉 현대인들이 느끼는 속도감이 과거보다 훨씬 빨라졌다는 것을 말하는 것이다. 따라서 오늘날 살풀이굿의 멋을 제대로 살리기 위하여 우선 속도에 대한 충분한 인식이 있어야 한다.

살풀이굿에서 쇠잡이, 장구잡이, 징잡이들은 북잡이들처럼 마당 한가운데서 춤을 추는 것은 아니지만 그들도 북잡이들과 함께 흥에 겨워 덩실덩실 어깨춤을 춘다. 이 마당에서 북잡이들은 두 명씩 마주보고 2인 옆 얼우기[23])를 하기도 하고 이전 마당의 원진 대형에서 벗어나 '二'자 형태의 대형으로 바꾸기도 한다. 북가락은 아홉째 마당 개인가락에서 보였던 북가락을 약간 변형한 형태로 계속되지만 쇠가락은 잔가락이 매우 발달되어 있으며 장단이 진행되는 동안 쇠가락이 변화하기도 한다.

23) 옆 얼루기란 북잡이 2인, 4인 또는 두 줄로 서로 마주보며 북을 앞쪽으로 내밀고 반쯤 앉은 자세로 좌우 옆으로 천천히 움직이면서 어깨춤을 추는 것을 말한다. 이 춤은 살풀이굿과 개인놀이에서 춘다.

<그림 31> 두 줄로 이어 들어와서 북을 치는 모습

이 마당에서도 시작하기 직전 모든 풍물은 연타를 친다. 연타를 친 후 상쇠는 매우 느린 속도로 “갱 갠갱 갠지갠 갱캑”을 치면 쇠의 마지막 장단 “갠지갠 갱캑”에 맞추어 모든 풍물잡이들은 “얼~씨구 좋~다”라고 추임새를 넣는다. 처음 제시된 쇠가락은 장단이 진행될수록 조금씩 변화되는데 모두 아홉 개의 변화된 가락을 제시한다.

첫 번째 쇠가락은 상쇠로부터 처음 제시되는 “갱 갠갱 갠지갠 갱캑”이다. 두 번째 쇠가락은 첫 번째 쇠가락을 엇 박으로 시작하는데 “읏갱 갠갱 갠지갠 갱개”로 변화되어 나타난다. 세 번째 쇠가락은 “갠지갠 읏지갠갱 갠지갠 갱갱”으로 두 번 치며, 네 번째는 “갠지갠 읏지갠갱 지갠갠지개개 갱갱갱”으로 한 번 친다. 다섯 번째 쇠가락은 이전보다 잔가락이 훨씬 많아진 “캥갠지개개 갱갠지

개개 갱갠지개개 갱갱갱"이며 살풀이굿의 대부분에서 이 가락을 사용한다. 여섯 번째는 "개개개개갠 개개개개갠 개갱개갱 지갱갱갱"을 한 번 치며, 일곱 번째는 "개개개개갠지 갠지갠지갠지 갠지갠지갠지 갠지갠지갠지"를 여러 번 친다. 여덟 번째는 "개개개개갠지 갠지갠지갠지 갠지갠지갠지 갱갱캑"을 한 번 치고 아홉 번째 몰우기장단 "갱 캑캑 읏캑 읏캑 읏캑"을 친다.

이상 아홉 번째까지의 쇠가락을 정리하면 처음 제시된 쇠가락은 장단이 진행됨에 따라 잔가락이 첨가되어 일곱 번째 쇠가락에서 절정을 이루며, 아홉 번째 쇠가락의 몰우기가락에서 쇠의 울음을 막아 치는 주법으로 마무리된다. 살풀이굿에서 쇠가락은 이와 같이 변화의 과정을 거치고 있지만 장구가락과 북가락은 몰우기를 제외한 모든 부분에서 동일한 장단이 지속된다. 장구는 "덩덩 덩기기덕 쿵기기덕 쿵기덕기기"를 계속하여 치며 북은 "덩 - 덩덩 쿵따"를 계속하여 친다. 몰우기장단에서 장구는 "덩덩 덩덩 따쿵따쿵 따쿵기기"를 치며 북은 "덩덩 덩덩 덩덩 쿵따"를 치는 것 외에 별 다른 변화를 주지 않는다.

북장단의 "덩 - 덩덩 쿵따"에서 북잡이들의 춤사위는 첫째 박에서 왼발을 내디디며 북을 친 후 반동에 의해 오른손을 위로 치켜든다. 둘째 박에서 들어올린 오른손에 북채를 아래로 내리면서 오른팔을 약간 굽힌다. 셋째 박에서 북을 "덩덩" 하고 치며 위로 가볍게 올리자마자 넷째 박에서 왼손바닥으로 북판을 친 다음 오른손 북채로 북테를 친다.

<표 14> 살풀이굿

박		1			2			3			4		
춤사위													
쇠	부호		○		○		○	○		∘○	○		○
	구음	(읏)	갱		갠		갱	갠		지갠	갱		개
장구	부호	⦶		⦶	⦶	∘	i	○	∘	i	○	i	∘∘
	구음	덩		덩	덩	기	기덕	쿵	기	기덕	쿵	기덕	기기
북	부호	○						○		○	✋	⊘	
	구음	덩						덩		덩	쿵	따	
징	부호	○											
	구음	징											

북잡이들은 매우 느린 속도로 두 개의 원진을 돌다가 여덟 번째 쇠가락을 듣고 제자리에서 몰우기를 실시한다. 여기서 몰우기는 서로 마주보지 않고 진행하는 방향에서 멈춘 채 오른발을 앞으로 내밀고 몸동작을 크게 하여 북을 친다. 이 때 북가락은 "덩덩 덩덩 덩덩 쿵따"이며 다음 장단에서 천천히 제자리에서 한 바퀴 돈다. 계속하여 일곱 번째 쇠가락을 재량껏 반복한 후 여덟 번째 쇠가락을 신호로 북잡이들은 다시 한번 제자리에서 몰우기장단을 치고 제자리에서 한 바퀴 돈다.

<표 15> 몰우기

박		1			2			3			4		
춤사위													
쇠	부호	○			●		●		●		●		●
	구음	캥			캑		캑	(읏)	캑	(읏)	캑	(읏)	캑
장구	부호	⦶	⦶		⦶	⦶		|○		|○	|	○	∘∘
	구음	덩	덩		덩	덩		따쿵		따쿵	따	쿵	기기
북	부호	○	○		○	○		○		○	🖐	⊘	
	구음	덩	덩		덩	덩		덩		덩	쿵	따	
징	부호	○											
	구음	징											

이 마당에서 쇠는 주로 다섯 번째 쇠가락으로 진행하다가 몰우기장단의 예비 신호인 여덟 번째 쇠가락을 치고 몰우기장단에 들어간다. 그러므로 북잡이들은 몰우기장단을 치기 전 항상 여덟 번째 쇠가락을 듣고 몰우기장단을 실시하는 패턴을 반복한다.

북잡이들은 제자리에서 몰우기장단을 두 차례 실시한 후 2인 옆얼우기를 한다. 2인 옆 얼우기를 하기 위하여 짝을 짓는 방법은 시계 반대방향의 1, 2, 3, 4, 5, 6명을 차례대로 1번과 6번, 2번과 5번, 3번과 4번이 서로 마주보며 짝을 이루어 두 줄이 되도록 한다. 2

인 옆 얼우기는 몰우기장단을 친 다음 장단에서 북잡이들이 기마 자세로 앉으면서 좌쪽 옆으로 천천히 북을 이동하며 치고 그 다음 장단에서 다시 우쪽 옆으로 천천히 북을 이동하면서 친다.

<그림 32> 두 명씩 마주보고 얼우기

<표 16> 2인 옆 얼우기(일어서며 좌 옆으로)

박		1			2			3			4		
춤사위													
쇠	부호	○	○∘	○○	○	○∘	○○	○	○∘	○○	○	○	○
	구음	캥	갠지	개개	갱	갠지	개개	갱	갠지	개개	갱	갱	캥
장구	부호	⦶		⦶	⦶	∘	i	○	∘	i	○	i	∘∘
	구음	덩		덩	덩	기	기덕	쿵	기	기덕	쿵	기덕	기기
북	부호	○			○	○		○		○	✋	⊘	
	구음	덩			더	덩		덩		덩	쿵	따	
징	부호	○											
	구음	징											

한 차례 더 몰우기장단을 친 다음 이제는 일어서면서 좌쪽과 우쪽 옆으로 천천히 북을 이동하면서 친다. 좌우 쪽 옆 얼우기가 끝난 후 두 명씩 원형을 그리며 돌아와 제자리에 선다. 계속하여 원진을 돌다가 제자리에서 한 차례 더 몰우기장단을 친 다음 제자리에서 한바퀴 돈다. 중앙에 여섯 명씩 모여 몰우기 장단을 친 다음 제자리에서 한바퀴 돌며 두 개의 원진으로 시계 반대방향으로 돈다.

북잡이들은 두개의 원진대형으로 돌다가 원진의 선두는 끝 부분에서 서로 마주보고 인사한 후 2열종대로 전면을 향하여 천천히 들어온다. 이 때 선두에 선 북잡이 두 명은 북을 치지 않고 양 팔을 벌려 덩실덩실 어깨춤을 추면서 들어온다.

<그림 33> 두 줄로 이어 들어오는 모습

북잡이들이 두 줄 이어 들어와서 제자리에 서면 다시 한번 더 제자리에서 몰우기장단을 치고 제자리에서 한 바퀴 돈다. 북잡이들은 '二' 자 대형으로 서로 마주보며 오른발을 앞에 내딛으며 몰우기를 하고 2인 옆 얼우기를 할 때처럼 앉으면서 좌쪽 옆으로 천천히 북을 이동하면서 얼우기를 한다. 다시 반대로 앉으면서 우쪽 옆으로 천천히 북을 이동하면서 얼우기를 한다. 한 차례 더 몰우기를 한 다음 이제는 일어서면서 좌쪽 옆으로 얼우기와 우쪽 옆으로 얼우기를 한다.

<표 17> 마주보고 앉아서 몰우기

박		1			2			3			4		
춤사위													
쇠	부호	○			●		●		●		●		●
	구음	캥			캑		캑	(읏)	캑	(읏)	캑	(읏)	캑
장구	부호	⦶	⦶		⦶	⦶		|○		|○	|	○	◦◦
	구음	덩	덩		덩	덩		따쿵		따쿵	따	쿵	기기
북	부호	○	○		○	○		○		○	✋	⊘	
	구음	덩	덩		덩	덩		덩		덩	쿵	따	
징	부호	○											
	구음	징											

북잡이 전체가 두 줄로 얼우기를 하는 장면을 보면 마치 들판의 곡식이 익어 가을바람에 넘실대며 춤을 추는 것과 같은 여유로움과 우아함을 볼 수 있다. 얼우기가 모두 끝나면 북잡이들은 '二'자 대형의 사이를 벌려 마당의 가장자리까지 뒤로 물러난다. 북잡이들이 후진하여 뒤로 물러나는 것은 다음 마당의 개인놀이를 할 수 있도록 마당의 중앙에 빈 공간을 확보하는 것이다.

<그림 34> 두 줄 서로 마주보고 앉으며 몰우기를 하는 장면

<그림 35> 두 줄 서로 마주보고 우측으로 일어서며 얼우기를 하는 장면

12) 개인놀이

열한째 마당은 소수의 북잡이들이 자신의 묘기를 펼쳐 보이는 개인놀이이다. 살풀이굿의 마지막부분에서 북잡이들이 뒤로 물러난 후 기량이 뛰어난 세 명 정도의 북잡이가 가운데로 나와 각자 기량을 뽐낸다. 이 마당에서는 개인놀이를 하는 북잡이의 수준 높은 기량을 보여줌으로써 구경꾼으로부터 많은 박수를 받을 수 있는 대목이다. 개인놀이마당은 소수의 북잡이들이 재량껏 펼쳐 놀 수 있는 마당이긴 하지만 반대로 시간의 제약이나 여건에 따라 이 마당을 삭제하여 놀지 않는 경우도 있다.

이 마당의 장단은 열째 마당의 느린 굿거리장단을 계속해서 진행하며 어느 정도 굿거리장단이 진행된 후 조금 빠른 자진모리장단이 점점 빠른 속도로 변화한다. 개인놀이가 시작되면 양쪽으로 늘어서 있는 북잡이들 중 개인놀이를 하기 위하여 한 장단에 한 명씩 모두 세 명이 중앙으로 뛰쳐나온다. 중앙에 나온 세 명의 북잡이는 다섯 번째 쇠가락을 치는 동안 원진을 돌다가 상쇠의 신호에 따라 몰우기와 얼우기를 한다.

<그림 36> 세 명의 북잡이가 중앙에서 개인묘기 펼치는 모습

일곱 번째 쇠가락을 신호로 모든 풍물은 지금까지 쳐 왔던 굿거리 장단을 중지하고 조금 빠른 자진모리장단을 친다. 이 때 중앙의 세 명은 한 사람씩 개인묘기를 한껏 펼쳐 보인다. 이 부분은 풍물놀이에서 최고의 기량을 가진 잡이들이 재주를 부리는 부분으로 상모꾼이 상모 돌리기를 하거나 장구잡이가 설장구를 치는 부분과 같은 대목이다.

자진모리장단은 더 빠른 사사꾸장단으로 바뀌면서 세 명은 모여 치기를 하며 이어서 북넘기와 앉을상을 반복한 후 다시 모여치기를 한다. 모여치기 쇠장단은 "갱 갱 갱 갱 갱 갱, 갱갱 갱갱 갱캑 -, 갱 갱갱 갱캑 -, 갱 갱갱 웃캑 -"이며 장구와 북도 쇠장단과 함께 동일한 장단을 친다. 모여치기가 끝나면 세 명은 종전에 다함께 실시했던 엎어빼기를 실시한다. 엎어빼기가 끝나면 다시 모여치기를 하고 세 명은 뒤로 물러나서 원래의 자리로 되돌아간다.

<그림 37> 세 명의 북잡이들은 각자 다른 모습으로 개인묘기를 펼친다.

13) 덧배기굿

열두째 마당은 날뫼북춤의 마지막 마당으로 덧배기굿이라고 하며 일명 '덧배기 들놀이'라고도 한다. 북잡이들은 형식에 구애받지 않고 장단에 맞추어 덩실덩실 어깨춤을 춘다. 이 마당에서는 어깨춤이 가장 발달되어 있으며 지역 특성인 경상도 멋이 가장 잘 드러나는 마당이다.

덧배기굿에서 쇠는 조금 느리거나 보통빠르기의 자진모리로 출발하여 점차 빠른 자진모리장단으로 흥을 고조시키고 매우 빠른 휘몰이로 몰아간다. 쇠는 이 마당을 진행하는 동안 재량껏 반복하기도 하며 즉흥적인 요소를 가미하여 종전의 장단보다 훨씬 자유롭게 칠 수 있다. 북은 정적궁이장단으로 시작하여 점점 속도를 빨리하며 원 박에 한 점씩 휘몰아치는 장단을 친다. 마당이 진행되면서 북잡이들은 안팎의 크고 작은 원진 두 개를 만들어 같은 방향 또는 반대 방향으로 돌면서 연풍대를 하기도 한다.

덧배기굿은 북잡이들이 큰 원진대형을 이루면서 시작한다. 어느 정도 진행하다가 북잡이들 중 네 명은 원진의 중앙으로 들어가서 작은 원진을 만든다. 그리고 점점 속도가 빨라지면서 쇠는 즉흥연주가 이어지고 쇠의 즉흥연주가 끝나면 반직굿의 일부분이 반복된다. 즉, 사사꾸장단이 재현되며 마무리장단에 이어 북넘기가 네 번 실시된다. 북넘기 이 후 쇠는 "캔지 캔지 캔지 캔지, 캔지 캔지 캔지 캥, 캔지 캥 캔지 캥, 캔지 캥 캔지 캥"을 친 다음 휘몰이장단으로 넘어간다.

이어지는 휘몰이장단은 상쇠의 재량껏 반복된다. 휘몰이장단이 계속되면서 빠른 걸음으로 안쪽의 작은 원진과 바깥쪽의 큰 원진이 함께 시계 반대방향으로 돈다. 그 다음 안쪽 북잡이들은 바깥쪽 북잡이들과 반대의 시계방향으로 돌다가 다시 원래의 시계 반대방향으로 돈다. 휘몰이장단이 절정에 이르면 쇠의 신호에 따라 안쪽 원진에서 돌던 북잡이들은 연풍대를 실시한다. 안쪽 원진의 북잡이들이 연풍대가 끝나자마자 바깥쪽 북잡이들도 연풍대를 실시하는데 이 때 안쪽 북잡이들은 북을 마주보며 한가운데 높이 치켜든다.

쇠는 계속 "웃 캑"을 여덟 번 친 다음 "캔지 캔지 캔지 캔지"를 몰아치고 이 부분에서 장구는 "덩따 덩따 덩따 덩따"를, 북은 "덩 덩 덩 덩"을, 징은 한 박에 한 점씩 몰아친다. 그동안 풍물잡이들은 종지를 향하여 매우 빠른 속도로 몰아쳤으나 마지막부분에서 점점 느려지면서 쇠는 "지갱 지갱 캥 캑", 장구는 "쿵따 쿵따 쿵 덩", 북은 "덩 덩 덩 덩"을 치므로 마지막 마당인 덧배기 굿을 끝맺는다.

<그림 38> 덧배기굿에서 북넘기를 하는 장면

14) 인사굿

열두 마당이 모두 끝난 후 북잡이들이 구경꾼들을 향하여 마지막 인사를 하는 인사굿이다. 상쇠의 신호에 맞추어서 장구와 북, 징은 일곱 채를 치며 마지막 일곱 채에 다함께 원진 바깥의 청중을 향하여 허리를 굽혀 깊숙이 인사를 한다. 이 부분의 장단은 허허굿의 일부분과 동일하지만 징 점은 한 박씩 뒤로 밀려 엇 박으로 치는 점만 다르다.

<그림 39> 원진 바깥의 구경꾼에게 정중히 인사하는 모습

야외 마당에서는 풍물잡이들이 인사를 하고 난 다음 원래의 출발지로 되돌아가면서 질굿을 친다. 이 때 수북과 가운데 북이 두 줄로 원진 안쪽에서 바깥쪽으로 빠져나오면서 모든 북잡이들이 뒤따라 마당을 빠져 나간다. 북잡이들이 질굿을 치면서 목적지에 도달하면 처음 마당을 시작할 때 열림굿을 칠 때처럼 제자리에 서로 바짝 다가서서 휘모리장단을 친다. 상쇠의 신호에 따라 휘몰이장단을 끊으면 소리를 일순간 멈추고 북잡이들은 북채를 하늘 높이 던짐과 동시에 판굿이 모두 끝났음을 알리는 함성을 지른다.

모든 과정이 끝난 후 풍물잡이들은 그동안 판굿을 구경하던 구경꾼들이 한데 어울려 신명나는 놀이판을 벌일 것을 제안한다. 구경꾼들은 풍물잡이들과 함께 어깨춤을 추는가 하면 북잡이들은 구경꾼들에게 북을 치게 하는 등 장단에 맞추어 자유분방하게 춤을 춘다. 남녀노소 할 것 없이 함께 놀이를 즐긴다. 이것은 다른 풍물놀이와 마찬가지로 농사의 풍요뿐 아니라 서로의 안녕을 기원하며 나아가 마을 사람들 사이의 대동단결이라는 깊은 의미를 담아내고 있는 것이다.

제4장

날뫼북춤의 장단보

1. 정간보

본장에서는 처음 질굿과 마지막 인사굿을 포함하여 열두 마당을 차례대로 표기하였다. 정간보에는 쇠, 장구, 북, 징의 순서로 부호와 구음을 기록하였고, 가능한 현재 날뫼북춤에서 사용되고 있는 구음을 그대로 표기하였다. 장단의 부호, 구음, 연주법은 다음의 표에 따른다.

<표 18> 장단의 부호와 연주법

악기	부호	구음	연주법
쇠	◯	갱, 캥	쇠를 쳐서 울음을 연다.
	◯	갠, 캔	쇠울음의 뒤에 '지'가 올 때 사용한다.
	○	개, 갠, 지, 라	'갱'의 앞·뒤에 약하게 친다.
	∘	개, 지	'갱'의 앞에 짧게 붙여 친다.
	●	객, 캑, 캣	울음을 막아서 친다.
	┆	갱개개개…	굴리듯 친다.

장구	⦶	덩, 떵	궁편과 채편을 동시에 친다.
	○	쿠, 쿵	궁채로 궁편을 친다.
	|	따	채편을 친다. 울음의 뒤를 연다.
	◐	덩	열채와 궁채로 채편을 동시에 친다.
	◉	쿵	궁채로 채편을 친다.
	i	기덕	열채를 감아 친다.
	∘	기	열채의 끝으로 채편을 살짝 한 번 친다.
	∘ ∘	기기	열채의 끝으로 채편을 살짝 두 번 친다.
	×	따, 딱	열채로 변죽을 친다.
	¦	떠러러러…	열채로 굴리듯 친다.
북	○	덩, 떵	북을 쳐서 울음을 연다.
	⊘	따, 딱, 구	북의 테를 친다.
	✋	쿠, 쿵	왼손으로 북판을 친다.
	○○	더구	북채 양끝으로 빠르게 친다.
	∘	똑	북채 끝으로 북통을 살짝 친다.
	¦	덩더더더…	북채 끝으로 굴리듯 친다.
징	○	징	징을 쳐서 울음을 연다.
	×	짓	울음을 막아서 친다.
	¦	징지지지…	굴리듯 친다.

<정간보 1> 질 굿

1) 질 굿

열림굿

다드래기장단 빠르게

마디		1											
박		1			2			3			4		
쇠	부호	○		○	○		○	○		○	○		○
	구음	캔		지	캔		지	캔		지	캔		지
장구	부호												
	구음												
북	부호												
	구음												
징	부호												
	구음												

반복 시 점점 빠르게

2												3											
1			2			3			4			1			2			3			4		
○		○	○		○	○		○	○		○	○		○	○		○	○		○	○		○
캔		지	캔		지	캔		지	캔		지	캔		지	캔		지	캔		지	캥		
⦶			⦶			◉		i	◉			⦶			⦶			◉		i	◉		
덩			덩			쿵		기덕	쿵			덩			덩			쿵		기덕	쿵		
○			○			○			○			○			○			○			○		
덩			덩			덩			덩			덩			덩			덩			덩		
○												○											
징												징											

【*제2마디×3회 정도】

4												5											
1			2			3			4			1			2			3			4		
○		○	○			○		○	○			○		○	○			○			●		
캔		지	캥			캔		지	캥			캔		지	캥			캥			캑		
⦶			⦶			◉		i	◉			⦶			⦶			◉		i	◉		
덩			덩			쿵		기덕	쿵			덩			덩			쿵		기덕	쿵		
○			○			○			○			○			○			○			○		
덩			덩			덩			덩			덩			덩			덩			덩		
○												○											
징												징											

【*제4마디×3회 정도】

6												7											
1			2			3			4			1			2			3			4		
○			○		○	○		○	○			◦○			○		○	○		○	●		
캥			캔		지	개		개	캥			지갱			캔		지	개		개	캑		
⦶			⦶			◉		i	◉			⦶			⦶			◉		i	◉		
덩			덩			쿵		기덕	쿵			덩			덩			쿵		기덕	쿵		
○			○			○			○			○			○			○			○		
덩			덩			덩			덩			덩			덩			덩			덩		
○												○											
징												징											

【*제6~7마디×4회 정도】

8											
1			2			3			4		
			○		○	○		○	●		
(웃)			캔		지	개		개	캑		
|			○			◉		i	◉		
따			쿵			쿵		기덕	쿵		
○			○			○			○		
덩			덩			덩			덩		
○											
징											

【*제8마디×4회】

매우 빠르게　　　　　　　　점점 느리게

9												10											
1			2			3			4			1			2			3			4		
			●						●						●						○		
(웃)			캑			(웃)			캑			(웃)			캑			(웃)			캥		
⦶			⦶			◉		i	◉			⦶			⦶			◉		i	◉		
덩			덩			쿵		기덕	쿵			덩			덩			쿵		기덕	쿵		
○			○			○			○			○			○			○			○		
덩			덩			덩			덩			덩			덩			덩			덩		
○												○											
징												징											

【*제9마디×3회】

11												12											
1			2			3			4			1			2			3			4		
◯		○	◯		○	◯		○	◯		○	◯		○	◯		○	◯		○	◯		○
갠		지	갠		지	갠		지	갠		지	갠		지	갠		지	갠		지	갠		지
⦶		│	◉		│	○		│	◉		│	○		│	◉		│	○		│	◉		│
덩		따	쿵		따	쿵		따	쿵		따	쿵		따	쿵		따	쿵		따	쿵		따
◯			◯			◯			◯			◯			◯			◯			◯		
덩			덩			덩			덩			덩			덩			덩			덩		
◯												◯											
징												징											

13												14											
1			2			3			4			1			2			3			4		
◯		○	◯		○	◯		◯	◯			○	◯		○	◯		◯			●		
갠		지	갠		지	개		개	갱			지	갱		지	갱		캥			캑		
○		│	◉		│	○		│	◉		│	○		│	◉		│	⦶			⦶		
쿵		따	쿵		따	쿵		따	쿵		따	쿵		따	쿵		따	덩			덩		
◯			◯			◯			◯			◯			◯			◯			◯		
덩			덩			덩			덩			덩			덩			덩			덩		
◯												◯											
징												징											

질 굿

보통 빠르게

15																							
1			2			3			4			5			6			7			8		
◯			◯		∘○	◯		∘○	◯			○	◯		◯						○	◯	
갱			갠		지라	갠		지라	갱			개	갱		캥						개	갱	
												⦶	⦶		⦶						⦶	⦶	
												덩	덩		덩						덩	덩	
												◯	◯		◯						◯	◯	
												덩	덩		덩						덩	덩	
												◯											
												징											

발을 맞추지 않고

16																							
1			2			3			4			5			6			7			8		
○	○		○		∘○	○		∘○	○			○	○		○						○	○	
개	개		갠		지라	갠		지라	갱			개	갱		캥						개	갱	
⦶			○		ǀ	○		ǀ	⦶			○	ǀ		⦶						○	ǀ	
덩			쿵		따	쿵		따	덩			쿵	따		덩						쿵	따	
○			○	○		○			○	○		○	○		○						○	○	
덩			덩	덩		덩			덩	덩		덩			덩						덩	덩	
○												○											
징												징											

17																							
1			2			3			4			5			6			7			8		
○			○		∘○	○		∘○	○			○	○		○						○	○	
갱			갠		지라	갠		지라	갱			개	갱		캥						개	갱	
⦶			○		ǀ	○		ǀ	⦶			○	ǀ		⦶						○	ǀ	
덩			쿵		따	쿵		따	덩			쿵	따		덩						쿵	따	
○			○	○		○			○	○		○	○		○						○	○	
덩			덩	덩		덩			덩	덩		덩	덩		덩						덩	덩	
○												○											
징												징											

18																							
1			2			3			4			5			6			7			8		
○	○		○		∘○	○		∘○	○			○	○		○						○	○	
개	개		갠		지라	갠		지라	갱			개	갱		캥						개	갱	
⦶			○		ǀ	○		ǀ	⦶			○	ǀ		⦶						○	ǀ	
덩			쿵		따	쿵		따	덩			쿵	따		덩						쿵	따	
○			○	○		○			○	○		○	○		○						○	○	
덩			덩	덩		덩			덩	덩		덩			덩						덩	덩	
○												○											
징												징											

【*제17~18마디×2회】 (반복 시 쇠 8박 째 ○"갱"은 ●"캥"임)

길군악

조금 빠르게

19											
1			2			3			4		
○	○	○	○	○	○	○	○	○	○		●
갱	개	개	갱	개	개	갱	개	개	갱		캑

(상쇠)

20															
1				2				3					4		
○	○	○		○	○	○		○	○	○	○	○			●
개	개	갱		개	개	갱		개	개	개	개	갱			캑
×	×	×		×	×	×		×	×	×	×	×			×
따	따	따		따	따	따		따	따	따	따	따			따
⊘	⊘	⊘		⊘	⊘	⊘		⊘	⊘	⊘	⊘	⊘			⊘
따	따	따		따	따	따		따	따	따	따	따			따
○															
징															

(부쇠)

발을 맞추어

21											
1			2			3			4		
○	○	○	○	○	○	○	○	○	○		●
갱	개	개	갱	개	개	갱	개	개	갱		캑
⦶	⦶					⦶	⦶		⦶		
덩	덩					덩	덩		덩		
○	○					○	○		○		
덩	덩					덩	덩		덩		
○											
징											

(상쇠)

22															
1				2				3					4		
○	○	○		○	○	○		○	○	○	○	○			●
개	개	갱		개	개	갱		개	개	개	개	갱			캑
×	×	×		×	×	×		×	×	×	×	×			×
따	따	따		따	따	따		따	따	따	따	따			따
⊘	⊘	⊘		⊘	⊘	⊘		⊘	⊘	⊘	⊘	⊘			⊘
따	따	따		따	따	따		따	따	따	따	따			따
○															
징															

(부쇠)

【*제21~22마디×여러 번】

23											
1			2			3			4		
○	○	○	○	○	○	○		∘○	○	○	
갠	지	갠	지	갠	지	갠		지라	개	갱	
⦶	⦶					⦶	⦶		⦶		
덩	덩					덩	덩		덩		
○	○					○	○		○		
덩	덩					덩	덩		덩		
○											
징											

24												25											
1			2			3			4			1			2			3			4		
○		○	○		○	○		∘○	○	○		○	○		○		○	○		∘○	○	○	
갠		지	갠		지	갠		지라	개	갱		개	갱		갠		지	갠		지라	개	갱	
⦶		i	○	ǀ		◐		i	◉	ǀ		⦶		i	○	ǀ		◐		i	◉	ǀ	
덩		기덕	쿵	따		덩		기덕	쿵	따		덩		기덕	쿵	따		덩		기덕	쿵	따	
○						○	○					○						○	○				
덩						덩	덩					덩						덩	덩				
○												○											
징												징											

원진대형으로
【*제24~25마디×여러 번】

느리게

26												27											
1			2			3			4			1			2			3			4		
○		○	○		○	○		○	○		○	○		○	○		○	○		○	○		○
캔		지	캔		지	캔		지	캔		지	캔		지	캔		지	캔		지	캔		지
⦶	ǀ		◉	ǀ		○	ǀ		◉	ǀ		○	ǀ		◉	ǀ		○	ǀ		◉	ǀ	
덩	따		쿵	따		쿵	따		쿵	따		쿵	따		쿵	따		쿵	따		쿵	따	
○			○			○			○			○			○			○			○		
덩			덩			덩			덩			덩			덩			덩			덩		
○												○											
징												징											

28												29											
1			2			3			4			1			2			3			4		
○		○	○		○	○		○	○			○	○		○	○		○			●		
캔		지	캔		지	개		개	캥			지	갱		지	갱		캥			캑		
○	ǀ		◉	ǀ		○	ǀ		◉	ǀ		○	ǀ		◉	ǀ		○			⦶		
쿵	따		쿵	따		쿵	따		쿵	따		쿵	따		쿵	따		쿵			덩		
○			○			○			○			○			○			○			○		
덩			덩			덩			덩			덩			덩			덩			덩		
○												○											
징												징											

30						31						32						33		
1			2			3			4			1			2			1		
○	○		○	○		○	○	∘○	○	○	○	∘○		∘○	○	○		●		
갱	갱		갱	갱		갱	갱	지갱	갱	갱	갱	지갱		지갱	갱	갱		캑		
			⦶	⦶		⦶			⦶			⦶			⦶			⦶		
			덩	덩		덩			덩			덩			덩			덩		
			○			○			○			○			○			○		
			덩			덩			덩			덩			덩			덩		
			○						○						○			○		
			징						징						징			징		

인사

<정간보 2> 첫째마당

2) 정적궁이

정적궁이장단

구분	악기								
마디		1							
박		1			2	3	4		
쇠	부호	◦○					●		
	구음	지갱			갱개개개…		캑		
장구	부호								
	구음				떠러러러…				
북	부호								
	구음				덩더더더…				
징	부호								
	구음				징지지지…				

자유연풍대

보통 빠르게

2												3											
1			2			3			4			1			2			3			4		
○	◦	○	○			○	◦	○	○			○	◦	○◦	○			○	◦	○	○		
갱	지	갱	갱			갱	지	갱	갱			갱	지	갱지	갱			갱	지	갱	갱		
												⦶		⦶	⦶			⦶		i	│		
												덩		덩	덩			덩		기덕	따		
												○		○	○			○					
												덩		덩	덩			덩					
												○											
												징											

제자리에서 허이! 움직이면서

4												5											
1			2			3			4			1			2			3			4		
○	◦	○	○			○	◦	○	○			○	◦	○◦	○			○	◦	○	○		
갱	지	갱	갱			갱	지	갱	갱			갱	지	갱지	갱			갱	지	갱	갱		
⦶		⦶	⦶			⦶		i	│			◉		◉	◉			◉		i	│		
덩		덩	덩			덩		기덕	따			덩		덩	덩			덩		기덕	따		
○		○	○			○						○		○	○			○					
덩		덩	덩			덩						덩		덩	덩			덩					
○												○											
징												징											

【*제4~5마디×여러 번】

6												7											
1			2			3			4			1			2			3			4		
○		○	○			○		◦○	○			○		○	○			○		◦○	○		
캥		캥	캥			갠		지갠	갱			캥		캥	캥			갠		지갠	갱		
⦶		⦶	⦶			⦶		i	|			◉		◉	◉			◉		i	|		
덩		덩	덩			덩		기덕	따			덩		덩	덩			덩		기덕	따		
○		○	○			○						○		○	○			○					
덩		덩	덩			덩						덩		덩	덩			덩					
○												○											
징												징											

8											
1			2			3			4		
○	○	○	◦○			○		◦○	●		
개	개	갠	지갱			갠		지갠	캑		
⦶		⦶	⦶			⦶		i	|		
덩		덩	덩			덩		기덕	따		
○		○	○			○					
덩		덩	덩			덩					
○											
징											

발 바꾸기

9												10											
1			2			3			4			1			2			3			4		
		○	○			○		◦○	●					○	○			○		◦○	●		
(웃)		캥	캥			갠		지갠	캑			(웃)		캥	캥			갠		지갠	캑		
⦶		⦶	⦶			◉		i	|			⦶		⦶	⦶			◉		i	|		
덩		덩	덩			덩		기덕	따			덩		덩	덩			덩		기덕	따		
○		○	○			○						○		○	○			○					
덩		덩	덩			덩						덩		덩	덩			덩					
○												○											
징												징											

북넘기1　　북넘기2

11												12											
1			2			3			4			1			2			3			4		
		○	○			○		◦○	●					○	○			○		◦○	●		
(웃)		캥	캥			갠		지갠	캑			(웃)		캥	캥			갠		지갠	캑		
⦶		⦶	⦶			◐		i	|			⦶		⦶	⦶			◐		i	|		
덩		덩	덩			덩		기덕	따			덩		덩	덩			덩		기덕	따		
○		○	○			○						○		○	○			○					
덩		덩	덩			덩						덩		덩	덩			덩					
○												○											
징												징											

북넘기3 북넘기4

【*제4~12마디×2회】 (반복 시 조금 빠르게)

13												14											
1			2			3			4			1			2			3			4		
○	◦	○	○			○	◦	○	○			○	◦	○◦	○			○	◦	○	○		
갠	지	갠	갱			갠	지	갠	갱			갠	지	갠지	갱			갠	지	갠	갱		
⦶		⦶	⦶			⦶		i	|			◐		◐	◐			◐		i	|		
덩		덩	덩			덩		기덕	따			덩		덩	덩			덩		기덕	따		
○		○	○			○						○		○	○			○					
덩		덩	덩			덩						덩		덩	덩			덩					
○												○											
징												징											

【*제13~14마디×2회 정도】 (반복 시 쇠 제14마디 마지막 박은 ●"캑"임)

<정간보 3> 둘째마당

3) 반직굿

자진모리장단 조금 빠르게

마디		1												2											
박		1			2			3			4			1			2			3			4		
쇠	부호	○		○	○		○	○		∘○	○	○		○	○		○		○	○		∘○	○	○	
	구음	갠		지	갠		지	갠		지라	개	갱		개	갱		갠		지	갠		지라	개	갱	
장구	부호	⦶			⦶			⦶		i	○	|		⦶		i	○	|		◐		i	◉	|	
	구음	덩			덩			덩		기덕	쿵	따		덩		기덕	쿵	따		덩		기덕	쿵	따	
북	부호	○		○	○		○	○		○	○			○		○	○		○	○		○	○		
	구음	덩		더	덩		더	덩		더	덩			덩		더	덩		더	덩		더	덩		
징	부호	○												○											
	구음	징												징											

평 걸음으로

3												4											
1			2			3			4			1			2			3			4		
○		○	○		○	○		∘○	○	○		○	○		○		○	○		∘○	○	○	
갠		지	갠		지	갠		지라	개	갱		개	갱		갠		지	갠		지라	개	갱	
⦶		i	○	|		◐		i	◉	|		⦶		i	○	|		◐		i	◉	|	
덩		기덕	쿵	따		덩		기덕	쿵	따		덩		기덕	쿵	따		덩		기덕	쿵	따	
○		○	○		○	○		○	○			○		○	○		○	○		○	○		
덩		더	덩		더	덩		더	덩			덩		더	덩		더	덩		더	덩		
○												○											
징												징											

【*제3~4마디×여러 번】

사사꾸장단

5												6											
1			2			3			4			1			2			3			4		
○	○	○	○	○		○	○	○	○	○		○	○	○	○	○	○	○	○	○	○	○	
사	사	꾸	사	사		사	사	꾸	사	사		사	사	꾸	사	사	꾸	사	사	꾸	사	사	
⦶		i	○	|		◐		i	◉	|		⦶		i	○	|		◐		i	◉	|	
덩		기덕	쿵	따		덩		기덕	쿵	따		덩		기덕	쿵	따		덩		기덕	쿵	따	
○		○	○		○	○		○	○			○		○	○		○	○		○	○		
덩		더	덩		더	덩		더	덩			덩		더	덩		더	덩		더	덩		
○												○											
징												징											

【*제5~6마디×2회】

7											
1			2			3			4		
○	◯		◯		○	◯		∘◯	○	◯	
개	갱		갠		지	갠		지라	개	갱	
⦶		i	◯	|		◐		i	◉	|	
덩		기덕	쿵	따		덩		기덕	쿵	따	
◯		○	◯		○	◯		○	◯		
덩		더	덩		더	덩		더	덩		
◯											
징											

8												9											
1			2			3			4			1			2			3			4		
◯		○	◯		○	◯		∘◯	○	◯		○	◯		◯		○	◯		∘◯	○	◯	
갠		지	갠		지	갠		지라	개	갱		개	갱		갠		지	갠		지라	개	갱	
⦶		i	◯	|		◐		i	◉	|		⦶		i	◯	|		◐		i	◉	|	
덩		기덕	쿵	따		덩		기덕	쿵	따		덩		기덕	쿵	따		덩		기덕	쿵	따	
◯		○	◯		○	◯		○	◯			◯		○	◯		○	◯		○	◯		
덩		더	덩		더	덩		더	덩			덩		더	덩		더	덩		더	덩		
◯												◯											
징												징											

【*제8~9마디×여러 번】

10											
1			2			3			4		
◯	◯	◯	◯	◯	◯	◯	◯	◯	◯	◯	◯
사	사	꾸	사	사	꾸	사	사	꾸	사	사	꾸
⦶		i	◯	|		◐		i	◉	|	
덩		기덕	쿵	따		덩		기덕	쿵	따	
◯		○	◯		○	◯		○	◯		
덩		더	덩		더	덩		더	덩		
◯											
징											

【*제10마디×5회 정도】

11												12											
1			2			3			4			1			2			3			4		
○	○	○	○	○	○	○	○	○	○	○	○	○	○	○	○	○	○	○		●			
개	갠	지	개	갠	지	갠	지	갠	지	갠	지	개	갠	지	개	갠	지	갱		캑			
⦶	⦶		⦶	⦶		⦶		⦶		⦶		⦶	⦶		⦶	⦶		⦶		⦶			
덩	덩		덩	덩		덩		덩		덩		덩	덩		덩	덩		덩		덩			
○	○		○	○		○		○		○		○	○		○	○		○		○			
덩	덩		덩	덩		덩		덩		덩		덩	덩		덩	덩		덩		덩			
○												○											
징												징											

【*제11마디×3회】

13												14											
1			2			3			4			1			2			3			4		
○			○	○		○		●				○			○	○					●		
갱			개	갱		갱		캑				갱			개	갱		(웃)			캑		
⦶			⦶	⦶		⦶		⦶				⦶			⦶	⦶					⦶		
덩			덩	덩		덩		덩				덩			덩	덩					덩		
○			○	○		○		○				○			○	○					○		
덩			덩	덩		덩		덩				덩			덩	덩					덩		
○												○											
징												징											

15												16											
1			2			3			4			1			2			3			4		
○			●		○	○		∘○	○	○		○	○		○		○	○		∘○	○	○	
갱			캣		지	갠		지라	개	갱		개	갱		갱		개	갠		지라	개	갱	
⦶		i	○	│		◐		i	⊙	│		⦶		i	○	│		◐		i	⊙	│	
덩		기덕	쿵	따		덩		기덕	쿵	따		덩		기덕	쿵	따		덩		기덕	쿵	따	
○						○	○					○						○	○				
덩						덩	덩					덩						덩	덩				
○												○											
징												징											

17												18											
1			2			3			4			1			2			3			4		
○		○	○		○	○		◦○	○	○		○	○		○		○	○		◦○	○	○	
갠		지	갠		지	갠		지라	개	갱		개	갱		갠		지	갠		지라	개	갱	
⦶		i	○	|		◐		i	◉	|		⦶		i	○	|		◐		i	◉	|	
덩		기덕	쿵	따		덩		기덕	쿵	따		덩		기덕	쿵	따		덩		기덕	쿵	따	
○						○	○					○						○	○				
덩						덩	덩					덩						덩	덩				
○												○											
징												징											

【*제17~18마디×3회 정도】

19												20											
1			2			3			4			1			2			3			4		
○		○	○		○	○		◦○	○	○		○	○		○		○	○		◦○	○	○	
갠		지	갠		지	갠		지라	개	갱		개	갱		갠		지	갠		지라	개	갱	
⦶		i	○	|		◐		i	◉	|		⦶		i	○	|		◐		i	◉	|	
덩		기덕	쿵	따		덩		기덕	쿵	따		덩		기덕	쿵	따		덩		기덕	쿵	따	
○		○	○		○	○		○	○			○		○	○		○	○		○	○		
덩		더	덩		더	덩		더	덩			덩		더	덩		더	덩		더	덩		
○												○											
징												징											

【*제19~20마디×2회】 (반복 시 쇠 마지막 박은 ●“캑”임, “허이!” 포함)

21												22											
1			2			3			4			1			2			3			4		
○		○	○	○	○	○		○	○	○	○	○		○	○	○	○	○		○	○	○	
갠		개	개	개	개	갠		개	개	개	개	갠		개	개	개	개	갠		개	개	갱	
⦶		i	◉	|		⦶		i	◉	|		⦶		i	◉	|		⦶		i	◉	|	
덩		기덕	쿵	따		덩		기덕	쿵	따		덩		기덕	쿵	따		덩		기덕	쿵	따	
○			○			○			○			○			○			○			○		
덩			덩			덩			덩			덩			덩			덩			덩		
○												○											
징												징											

연풍대1 연풍대2 연풍대3 연풍대4

23											
1			2			3			4		
○	○		○	○		○		○		○	
개	갱		개	갱		캥		캥		캥	
⦶		i	◉	|		⦶		⦶		⦶	
덩		기덕	쿵	따		덩		덩		덩	
○			○			○		○		○	
덩			덩			덩		덩		덩	
○											
징											

연풍대5 연풍대6

24												25											
1			2			3			4			1			2			3			4		
○			○	○		○		○		○		○			○	○		○		○		○	
갱			개	갱		캥		캥		캥		갱			개	갱		캥		캥		캥	
⦶			◉			○		i	◉	|		⦶			◉			○		i	◉	|	
덩			쿵			쿵		기덕	쿵	따		덩			쿵			쿵		기덕	쿵	따	
○			○			○		○		○		○			○			○		○		○	
덩			덩			덩		덩		덩		덩			덩			덩		덩		덩	
○												○											
징												징											

앉을상1 채발림 앉을상2 채발림

26												27											
1			2			3			4			1			2			3			4		
○			●		◦	○		◦○	◦	○		○			●		◦	○		◦○	◦	○	
갱			캣		지	갠		지라	개	갱		갱			캣		지	갠		지라	개	갱	
⦶			⦶			◐		i	◉	|		⦶			⦶			◐		i	◉	|	
덩			덩			덩		기덕	쿵	따		덩			덩			덩		기덕	쿵	따	
○			○			○			○			○			○			○			○		
덩			덩			덩			덩			덩			덩			덩			덩		
○												○											
징												징											

북넘기1 북넘기2

28											
1			2			3			4		
○			●		○	○		◦○	○	○	
갱			캣		지	갠		지라	개	갱	
⦶			⦶			◐		i	◉			
덩			덩			덩		기덕	쿵	따	
○			○			○			○		
덩			덩			덩			덩		
○											
징											

북넘기3

29											
1			2			3			4		
○			●		○	○		◦○	○	○	
갱			캣		지	갠		지라	개	갱	
⦶			⦶			◐		i	◉			
덩			덩			덩		기덕	쿵	따	
○			○			○			○		
덩			덩			덩			덩		
○											
징											

북넘기4

<정간보 4> 셋째마당

4) 엎어빼기

자진모리장단 조금 빠르게

마디		1												2											
박		1			2			3			4			1			2			3			4		
쇠	부호	○		○	○		○	○		∘○	○	○		○	○		○		○	○		∘○	○	○	
	구음	갠		지	갠		지	갠		지라	개	갱		개	갱		갠		지	갠		지라	개	갱	
장구	부호	⦶		i	○	|		◐		i	◉	|		⦶		i	○	|		◐		i	◉	|	
	구음	덩		기덕	쿵	따		덩		기덕	쿵	따		덩		기덕	쿵	따		덩		기덕	쿵	따	
북	부호	○		○	○		○	○		○	○		○	○		○	○		○	○		○	○		○
	구음	덩		더	덩		더	덩		더	덩		더	덩		더	덩		더	덩		더	덩		더
징	부호	○												○											
	구음	징												징											

3												4											
1			2			3			4			1			2			3			4		
○		○	○		○	○		∘○	○	○		○	○		○	○		○			●		
갠		지	갠		지	갠		지라	개	갱		개	갱		개	갱		갱			캑		
⦶		i	○	|		◐		i	◉	|		⦶		i	○	|		◐		i	◉	|	
덩		기덕	쿵	따		덩		기덕	쿵	따		덩		기덕	쿵	따		덩		기덕	쿵	따	
○		○	○		○	○		○	○		○	○		○	○		○	○		○	○		
덩		더	덩		더	덩		더	덩		더	덩		더	덩		더	덩		더	덩		
○												○											
징												징											

허이!

5												6											
1			2			3			4			1			2			3			4		
○		∘○	○		∘○	○		∘○	○	○		○	○	○	○	○	○	○		∘○	○	○	
갠		지라	갠		지라	갠		지라	개	갱		개	개	개	개	개	개	갠		지라	개	갱	
⦶			⦶			⦶		i	○	|		⦶			⦶			◐		i	◉	|	
덩			덩			덩		기덕	쿵	따		덩			덩			덩		기덕	쿵	따	
○			○			○			○			○			○			○			○		
덩			덩			덩			덩			덩			덩			덩			덩		
○												○											
징												징											

발 바꾸기　　북넘기

7											
1			2			3			4		
○			●		○	○		◦○	○	○	
갱			캣		지	갠		지라	개	갱	
⦶			◉			○		i	◉	|	
덩			쿵			쿵		기덕	쿵	따	
○			○			○			○		
덩			덩			덩			덩		
○											
징											

앉음상1 채발림

8											
1			2			3			4		
○			●		○	○		◦○	○	○	
갱			캣		지	갠		지라	개	갱	
⦶			◉			○		i	◉	|	
덩			쿵			쿵		기덕	쿵	따	
○			○			○			○		
덩			덩			덩			덩		
○											
징											

앉음상2 채발림

9											
1			2			3			4		
○		◦○	○		◦○	○		◦○	○	○	
갠		지라	갠		지라	갠		지라	개	갱	
⦶			⦶			◐		i	◉	|	
덩			덩			덩		기덕	쿵	따	
○			○			○			○		
덩			덩			덩			덩		
○											
징											

북넘기1

10											
1			2			3			4		
○	○	○	○	○	○	○		◦○	○	○	
개	개	개	개	개	개	갠		지라	개	갱	
⦶			⦶			◐		i	◉	|	
덩			덩			덩		기덕	쿵	따	
○			○			○			○		
덩			덩			덩			덩		
○											
징											

북넘기2

11											
1			2			3			4		
○			●		○	○		◦○	○	○	
갱			캣		지	갠		지라	개	갱	
⦶			◉			○		i	◉	|	
덩			쿵			쿵		기덕	쿵	따	
○			○			○			○		
덩			덩			덩			덩		
○											
징											

앉음상1 채발림

12											
1			2			3			4		
○			●		○	○		◦○	○	○	
갱			캣		지	갠		지라	개	갱	
⦶			◉			○		i	◉	|	
덩			쿵			쿵		기덕	쿵	따	
○			○			○			○		
덩			덩			덩			덩		
○											
징											

앉음상2 채발림

13											
1			2			3			4		
○		◦○	○		◦○	○		◦○	○	○	
갠		지라	갠		지라	갠		지라	개	갱	
⦶			⦶			◐		i	◉			
덩			덩			덩		기덕	쿵	따	
○			○			○			○		
덩			덩			덩			덩		
○											
징											

북넘기1

14											
1			2			3			4		
○	○	○	○	○	○	○		◦○	○	○	
개	개	개	개	개	개	갠		지라	개	갱	
⦶			⦶			◐		i	◉			
덩			덩			덩		기덕	쿵	따	
○			○			○			○		
덩			덩			덩			덩		
○											
징											

북넘기2

15											
1			2			3			4		
○			●		○	○		◦○	○	○	
갱			캣		지	갠		지라	개	갱	
⦶			◉			○		i	◉			
덩			쿵			쿵		기덕	쿵	따	
○			○			○			○		
덩			덩			덩			덩		
○											
징											

앉을상1 채발림

16											
1			2			3			4		
○			●		○	○		◦○	○	○	
갱			캣		지	갠		지라	개	갱	
⦶			◉			○		i	◉			
덩			쿵			쿵		기덕	쿵	따	
○			○			○			○		
덩			덩			덩			덩		
○											
징											

앉을상2 채발림

17											
1			2			3			4		
○	○		○	○		○			●		
개	갱		개	갱		캥			캑		
⦶	⦶		⦶	⦶		⦶						
더	덩		더	덩		덩			따		
○			○			○			○		
덩			덩			덩			덩		
○											
징											

북넘기

<정간보 5> 넷째마당

5) 다드래기

휘몰이장단

마디		1												2											
박		1			2			3			4			1			2			3			4		
쇠	부호	○	◯		◯			○	◯		◯			○	◯		◯			○	◯		●		
	구음	지	갱		캥			지	갱		캥			지	갱		캥			지	갱		캑		
장구	부호	⦶			⦶			◉	i		◉			⦶			⦶			◉	i		◉		
	구음	덩			덩			쿵	기덕		쿵			덩			덩			쿵	기덕		쿵		
북	부호	◯			◯			◯			◯			◯			◯			◯			◯		
	구음	덩			덩			덩			덩			덩			덩			덩			덩		
징	부호	◯												◯											
	구음	징												징											

빠른 걸음으로

【*제1마디×6회 정도】

3												4											
1			2			3			4			1			2			3			4		
◯			◯		○	○	○		◯			∘◯			◯		○	○	○		◯		
캥			캔		지	개	개		캥			지캔			캔		지	개	개		캥		
⦶			⦶			◉	i		◉			⦶			⦶			◉	i		◉		
덩			덩			쿵	기덕		쿵			덩			덩			쿵	기덕		쿵		
◯			◯			◯			◯			◯			◯			◯			◯		
덩			덩			덩			덩			덩			덩			덩			덩		
◯												◯											
징												징											

【*제3~4마디×여러 번】

5												6											
1			2			3			4			1			2			3			4		
◯			◯		○	○	○		◯			∘◯			◯		○	○	○		●		
캥			캔		지	개	개		캥			지캔			캔		지	개	개		캑		
⦶			⦶			◉	i		◉			⦶			⦶			◉	i		◉		
덩			덩			쿵	기덕		쿵			덩			덩			쿵	기덕		쿵		
◯			◯			◯			◯			◯			◯			◯			◯		
덩			덩			덩			덩			덩			덩			덩			덩		
◯												◯											
징												징											

7											
1			2			3			4		
			○		○	○		○	●		
(읏)			캔		지	개		개	캑		
i			○			◉		i	◉		
기덕			쿵			쿵		기덕	쿵		
○			○			○			○		
덩			덩			덩			덩		
○											
징											

8											
1			2			3			4		
			○		○	○		○	○		
(읏)			캔		지	개		개	캥		
i			○			◉		i	◉		
기덕			쿵			쿵		기덕	쿵		
○			○			○			○		
덩			덩			덩			덩		
○											
징											

【*제7마디×5회 정도】

9											
1			2			3			4		
○	○				○	○			○		
개	갱				개	갱			캥		
⦶			⦶			◉		i	◉		
덩			덩			쿵		기덕	쿵		
○			○			○			○		
덩			덩			덩			덩		
○											
징											

10											
1			2			3			4		
○	○				○	○			●		
개	갱				개	갱			캑		
⦶			⦶			◉		i	◉		
덩			덩			쿵		기덕	쿵		
○			○			○			○		
덩			덩			덩			덩		
○											
징											

【*제9마디×3회 정도】

11											
1			2			3			4		
			●						●		
(읏)			캑			(읏)			캑		
⦶			⦶			◉		i	◉		
덩			덩			쿵		기덕	쿵		
○			○			○			○		
덩			덩			덩			덩		
○											
징											

12											
1			2			3			4		
			●						○		
(읏)			캑			(읏)			캥		
⦶			⦶			◉		i	◉		
덩			덩			쿵		기덕	쿵		
○			○			○			○		
덩			덩			덩			덩		
○											
징											

【*제11마디×3회】

13				14			
1	2	3	4	1	2	3	4
○	○ ○	○ ○	○	°○	○ ○	○ ○	○
캥	캔 지	개 개	캥	지갱	캔 지	개 개	캥
⦶	⦶	◉ i	◉	⦶	⦶	◉ i	◉
덩	덩	쿵 기덕	쿵	덩	덩	쿵 기덕	쿵
○	○	○	○	○	○	○	○
덩	덩	덩	덩	덩	덩	덩	덩
○				○			
징				징			

【*제13~14마디×4회 정도】

15				16			
1	2	3	4	1	2	3	4
○	○ ○	○ ○	○	°○	○ ○	○ ○	●
캥	캔 지	개 개	캥	지갱	개 개	개 개	캑
⦶	⦶	◉ i	◉	⦶	⦶	◉ i	◉
덩	덩	쿵 기덕	쿵	덩	덩	쿵 기덕	쿵
○	○	○	○	○	○	○	○
덩	덩	덩	덩	덩	덩	덩	덩
○				○			
징				징			

(연풍대 예비가락)

17				18			
1	2	3	4	1	2	3	4
○	○ ○	○	○ ○	○ ○	○ ○	○	●
갠	개 개	갠	개 개	캔 지	캔 지	캥	캑
○	× ×	◉	× ×	○	× ×	◉	×
덩	따 따	쿵	따 따	쿵	따 따	쿵	따
○		○		○		○	
덩		덩		덩		덩	
○		○		○		○	
징		징		징		징	

연풍대1, 2, 3   연풍대4

【*제17마디×3회】

19												20											
1			2			3			4			1			2			3			4		
◯		○	◯		○	◯		○	◯		○	◯		○	◯		○	◯		○	◯		○
캔		지	캔		지	캔		지	캔		지	캔		지	캔		지	캔		지	캔		지
⦶	│		◉	│		◯	│		◉	│		◯	│		◉	│		◯	│		◉	│	
덩	따		쿵	따		쿵	따		쿵	따		쿵	따		쿵	따		쿵	따		쿵	따	
◯			◯			◯			◯			◯			◯			◯			◯		
덩			덩			덩			덩			덩			덩			덩			덩		
◯												◯											
징												징											

총총걸음으로

21												22											
1			2			3			4			1			2			3			4		
◯		○	◯		○	○	○		◯			○	◯		○	◯		◯			●		
캔		지	캔		지	개	개		캥			지	갱		지	갱		캥			캑		
◯	│		◉	│		◯	│		◉	│		◯	│		◉	│		◯	│		◉		
쿵	따		쿵	따		쿵	따		쿵	따		쿵	따		쿵	따		쿵	따		쿵		
◯			◯			◯			◯			◯			◯			◯			◯		
덩			덩			덩			덩			덩			덩			덩			덩		
◯												◯											
징												징											

23												24											
1			2			3			4			1			2			3			4		
◯			◯		○	○	○		◯			∘◯			◯		○	○	○		◯		
캥			캔		지	개	개		캥			지갱			캔		지	개	개		캥		
⦶			⦶			◉	i		◉			⦶			⦶			◉	i		◉		
덩			덩			쿵	기덕		쿵			덩			덩			쿵	기덕		쿵		
◯			◯			◯			◯			◯			◯			◯			◯		
덩			덩			덩			덩			덩			덩			덩			덩		
◯												◯											
징												징											

겹 걸음 뛰기

【*제23~24마디×여러 번】 (태극진대형에서 원진대형을 이루기까지)

25												26											
1			2			3			4			1			2			3			4		
○			○		○	○	○		○			◦○			○	○		○	○		●		
캥			캔		지	개	개		캥			지갱			개	개		개	개		캑		
⦶			⦶			◉	i		◉			⦶			⦶			◉	i		◉		
덩			덩			쿵	기덕		쿵			덩			덩			쿵	기덕		쿵		
○			○			○			○			○			○			○			○		
덩			덩			덩			덩			덩			덩			덩			덩		
○												○											
징												징											

(연풍대 예비가락)

27												28											
1			2			3			4			1			2			3			4		
○			○	○		○			○	○		○			○	○		○			○	○	
갠			개	개		갠			개	개		갠			개	개		갠			개	개	
⦶			×	×		◉			×	×		○			×	×		◉			×	×	
덩			따	따		쿵			따	따		쿵			따	따		쿵			따	따	
○						○						○						○					
덩						덩						덩						덩					
○						○						○						○					
징						징						징						징					

연풍대1
원진대형으로

연풍대2

29												30											
1			2			3			4			1			2			3			4		
○			○	○		○			○	○		○			○	○		○			●		
갠			개	개		갠			개	개		갠			개	개		캥			캑		
○			×	×		◉			×	×		○			×	×		◉			×		
쿵			따	따		쿵			따	따		쿵			따	따		쿵			따		
○						○						○						○					
덩						덩						덩						덩					
○						○						○						○					
징						징						징						징					

연풍대3

연풍대4

31												32											
1			2			3			4			1			2			3			4		
○		○	○		○	○		○	○		○	○		○	○		○	○		○	○		○
갠		지	갠		지	갠		지	갠		지	갠		지	갠		지	갠		지	갠		지
⦶	ǀ		◉	ǀ		○	ǀ		◉	ǀ		○	ǀ		◉	ǀ		○	ǀ		◉	ǀ	
덩	따		쿵	따		쿵	따		쿵	따		쿵	따		쿵	따		쿵	따		쿵	따	
○			○			○			○			○			○			○			○		
덩			덩			덩			덩			덩			덩			덩			덩		
○												○											
징												징											

총총걸음으로

점점 느리게 천천히

33												34											
1			2			3			4			1			2			3			4		
○		○	○		○	○		○	○			○	○		○	○		○			●		
갠		지	갠		지	개		개	갱			지	갱		지	갱		캥			캑		
○	ǀ		◉	ǀ		○	ǀ		◉	ǀ		○	ǀ		◉	ǀ		○			⦶		
쿵	따		쿵	따		쿵	따		쿵	따		쿵	따		쿵	따		쿵			덩		
○			○			○			○			○			○			○			○		
덩			덩			덩			덩			덩			덩			덩			덩		
○												○									×		
징												징									짓		

높이 뛰어 오르면서

<정간보 6> 다섯째마당

6) 물레돌기

마디		1							
박		1			2	3	4		
쇠	부호	◦○					●		
	구음	지갱			갱개개개…		캑		
장구	부호								
	구음				떠러러러…				
북	부호								
	구음				덩더더더…				
징	부호								
	구음				징지지지…				

조금 느리게

2												3											
1			2			3			4			1			2			3			4		
○		○	●		○	○		○	●		○	○		○	○		○	○		○	●		○
갠		지	캣		지	갠		지	캣		지	갠		지	갠		지	갠		지	캣		지
⦶			◉			⦶			◉			⦶			◉			⦶			◉		
덩			쿵			덩			쿵			덩			쿵			덩			쿵		
○			○			○			○			○			○			○			○		
덩			덩			덩			덩			덩			덩			덩			덩		
○												○											
징												징											
			채발림						채발림						채발림						채발림		

옆걸음 뛰기(①시계 반대방향+②시계 방향+③시계 반대방향)

4											
1			2			3			4		
○	○		○	○		○			●		
개	갱		개	갱		갱			캑		
⦶	⦶		⦶	⦶		⦶			×		
덩	덩		덩	덩		덩			딱		
○			○			○			⊘		
덩			덩			덩			딱		
○											
징											

【*제2~4마디×3회】 허이!

<정간보 7> 여섯째마당

7) 허허굿

조금 느리게

마디		1						2						3						4					
박		1			2			3			4			1			2			3			4		
쇠	부호	○	○		●	●		○	○		●	●		○	○		●	●		○	○		●	●	
	구음	갱	갱		캑	캑		갱	갱		캑	캑		갱	갱		캑	캑		갱	갱		캑	캑	
장구	부호	⦶	⦶		×	×		⦶	⦶		×	×		⦶	⦶		×	×		⦶	⦶		×	×	
	구음	덩	덩		딱	딱		덩	덩		딱	딱		덩	덩		딱	딱		덩	덩		딱	딱	
북	부호	○	○		⊘	⊘		○	○		⊘	⊘		○	○		⊘	⊘		○	○		⊘	⊘	
	구음	덩	덩		딱	딱		덩	덩		딱	딱		덩	덩		딱	딱		덩	덩		딱	딱	
징	부호	○						○						○						○					
	구음	징						징						징						징					

허 허! 허 허! 허 허! 허 허!

5						6						7					
1			2			3			4			1			2		
○	○		○	○		○	○	∘○	○	○	○	∘○		∘○	○	○	
갱	갱		갱	갱		갱	갱	지갱	갱	갱	갱	지갱		지갱	갱	갱	
⦶	⦶		⦶	⦶		⦶			⦶			⦶			⦶		
덩	덩		덩	덩		덩			덩			덩			덩		
○			○			○			○			○			○		
덩			덩			덩			덩			덩			덩		
○						○						○					
징						징						징					

【*제1~7마디×2회】

8						9						10											
1			2			3			4			1			2			3			4		
○	○		●	●		○	○		●	●		◦	○		○		◦	○		∘○	◦	○	
갱	갱		캑	캑		갱	갱		캑	캑		개	갱		갠		지	갠		지라	개	갱	
⦶	⦶		×	×		⦶	⦶		×	×		⦶			⦶			⦶			⦶		
덩	덩		딱	딱		덩	덩		딱	딱		덩			덩			덩			덩		
○	○		⊘	⊘		○	○		⊘	⊘		○			○			○			○		
덩	덩		딱	딱		덩	덩		딱	딱		덩			덩			덩			덩		
○						○						○											
징						징						징											

허 허! 허 허!

보통 빠르게

11												12											
1			2			3			4			1			2			3			4		
○		○	○		○	○		∘○	○	○		○	○		○		○	○		∘○	○	○	
갠		지	갠		지	갠		지라	개	갱		개	갱		갠		지	갠		지라	개	갱	
⦶		i	○	|		◐		i	⊙	|		⦶		i	○	|		◐		i	⊙	|	
덩		기덕	쿵	따		덩		기덕	쿵	따		덩		기덕	쿵	따		덩		기덕	쿵	따	
○		○	○		○	○		○	○			○		○	○		○	○		○	○		
덩		더	덩		더	덩		더	덩			덩		더	덩		더	덩		더	덩		
○												○											
징												징											

【*제11~12마디×2회 정도】

13												14											
1			2			3			4			1			2			3			4		
○		○	○		○	○		∘○	○	○		○	○		○	○		○			●		
갠		지	갠		지	갠		지라	개	갱		지	갱		지	갱		갱			캑		
⦶		i	○	|		◐		i	⊙	|		⦶		i	○	|		◐		i	|		
덩		기덕	쿵	따		덩		기덕	쿵	따		덩		기덕	쿵	따		덩		기덕	따		
○		○	○		○	○		○	○			○		○	○		○	○		○	○		
덩		더	덩		더	덩		더	덩			덩		더	덩		더	덩		더	덩		
○												○											
징												징											

<정간보 8> 일곱째마당

8) 오방진

자진모리장단 빠르게

마디		1												2											
박		1			2			3			4			1			2			3			4		
쇠	부호	○		○	○		○	○		∘○	○	○		○	○		○		○	○		∘○	○	○	
	구음	갠		지	갠		지	갠		지라	개	갱		개	갱		갠		지	갠		지라	개	갱	
장구	부호	⦶		i	○	|		◐		i	◉	|		⦶		i	○	|		◐		i	◉	|	
	구음	덩		기덕	쿵	따		덩		기덕	쿵	따		덩		기덕	쿵	따		덩		기덕	쿵	따	
북	부호	○			○			○			○			○			○			○			○		
	구음	덩			덩			덩			덩			덩			덩			덩			덩		
징	부호	○												○											
	구음	징												징											

빠른 걸음으로

【*제1~2마디×여러 번】 (오방진대형까지)

3												4											
1			2			3			4			1			2			3			4		
○		○	○		○	○		∘○	○	○		○	○		○	○		○			●		
갠		지	갠		지	갠		지라	개	갱		개	갱		개	갱		캥			캑		
⦶		i	○	|		◐		i	◉	|		⦶		i	○	|		◐		i	|		
덩		기덕	쿵	따		덩		기덕	쿵	따		덩		기덕	쿵	따		덩		기덕	따		
○			○			○			○			○			○			○			○		
덩			덩			덩			덩			덩			덩			덩			덩		
○												○											
징												징											

오방진대형으로

5												6											
1			2			3			4			1			2			3			4		
○		∘○	○		∘○	○		∘○	○	○		○	○	○	○	○	○	○		∘○	○	○	
갠		지라	갠		지라	갠		지라	개	갱		개	개	개	개	개	개	갠		지라	개	갱	
⦶			⦶			○		i	○	|		⦶			⦶			◐		i	◉	|	
덩			덩			쿵		기덕	쿵	따		덩			덩			덩		기덕	쿵	따	
○			○			○			○			○			○			○			○		
덩			덩			덩			덩			덩			덩			덩			덩		
○												○											
징												징											

발 바꾸기　　　　북넘기

7												8											
1			2			3			4			1			2			3			4		
○			●		○	○		∘○	○	○		○			●		○	○		∘○	○	○	
갱			캣		지	갠		지라	개	갱		갱			캣		지	갠		지라	개	갱	
⦶			◉			○		i	◉	ǀ		⦶			◉			○		i	◉	ǀ	
덩			쿵			쿵		기덕	쿵	따		덩			쿵			쿵		기덕	쿵	따	
○			○			○			○			○			○			○			○		
덩			덩			덩			덩			덩			덩			덩			덩		
○												○											
징												징											

앉을상1 채발림 앉을상2 채발림

9												10											
1			2			3			4			1			2			3			4		
○		∘○	○		∘○	○		∘○	○	○		○	○	○	○	○	○	○		∘○	○	○	
갠		지라	갠		지라	갠		지라	개	갱		개	개	개	개	개	개	갠		지라	개	갱	
⦶			⦶			◐		i	◉	ǀ		⦶			⦶			◐		i	◉	ǀ	
덩			덩			덩		기덕	쿵	따		덩			덩			덩		기덕	쿵	따	
○			○			○			○			○			○			○			○		
덩			덩			덩			덩			덩			덩			덩			덩		
○												○											
징												징											

북넘기1 북넘기2

11												12											
1			2			3			4			1			2			3			4		
○			●		○	○		∘○	○	○		○			●		○	○		∘○	○	○	
갱			캣		지	갠		지라	개	갱		갱			캣		지	갠		지라	개	갱	
⦶			◉			○		i	◉	ǀ		⦶			◉			○		i	◉	ǀ	
덩			쿵			쿵		기덕	쿵	따		덩			쿵			쿵		기덕	쿵	따	
○			○			○			○			○			○			○			○		
덩			덩			덩			덩			덩			덩			덩			덩		
○												○											
징												징											

앉을상1 채발림 앉을상2 채발림

13											
1			2			3			4		
○		◦○	○		◦○	○		◦○	○	○	
갠		지라	갠		지라	갠		지라	개	갱	
⦶			⦶			◐		i	◉	|	
덩			덩			덩		기덕	쿵	따	
○			○			○			○		
덩			덩			덩			덩		
○											
징											

북넘기1

14											
1			2			3			4		
○	○	○	○	○	○	○		◦○	○	○	
개	개	개	개	개	개	갠		지라	개	갱	
⦶			⦶			◐		i	◉	|	
덩			덩			덩		기덕	쿵	따	
○			○			○			○		
덩			덩			덩			덩		
○											
징											

북넘기2

15											
1			2			3			4		
○			●		○	○		◦○	○	○	
갱			캣		지	갠		지라	개	갱	
⦶			◉			○		i	◉	|	
덩			쿵			쿵		기덕	쿵	따	
○			○			○			○		
덩			덩			덩			덩		
○											
징											

앉을상1 채발림

16											
1			2			3			4		
○			●		○	○		◦○	○	○	
갱			캣		지	갠		지라	개	갱	
⦶			◉			○		i	◉	|	
덩			쿵			쿵		기덕	쿵	따	
○			○			○			○		
덩			덩			덩			덩		
○											
징											

앉을상2 채발림

17											
1			2			3			4		
○	○		○	○		○			●		
개	갱		개	갱		캥			캑		
⦶	⦶		⦶	⦶		⦶			|		
더	덩		더	덩		덩			따		
○			○			○			○		
덩			덩			덩			덩		
○											
징											

북넘기

18												19											
1			2			3			4			1			2			3			4		
○		○	○		○	○		∘○	○	○		○	○		○		○	○		∘○	○	○	
갠		지	갠		지	갠		지라	개	갱		개	갱		갠		지	갠		지라	개	갱	
⦶		i	○	|		◐		i	⦿	|		⦶		i	○	|		◐		i	⦿	|	
덩		기덕	쿵	따		덩		기덕	쿵	따		덩		기덕	쿵	따		덩		기덕	쿵	따	
○			○			○			○			○			○			○			○		
덩			덩			덩			덩			덩			덩			덩			덩		
○												○											
징												징											

【*제18~19마디×3회 정도】

20												21											
1			2			3			4			1			2			3			4		
○		○	○		○	○		∘○	○	○		○	○		○	○		○			●		
갠		지	갠		지	갠		지라	개	갱		개	갱		개	갱		캥			캑		
⦶		i	○	|		◐		i	⦿	|		⦶	⦶		⦶	⦶		⦶			|		
덩		기덕	쿵	따		덩		기덕	쿵	따		덩	덩		덩	덩		덩			따		
○			○			○			○			○			○			○			○		
덩			덩			덩			덩			덩			덩			덩			덩		
○												○											
징												징											

<정간보 9> 여덟째마당

9) 모듬굿

자진모리장단

마디		1							
박		1			2	3	4		
쇠	부호	◦○					●		
	구음	지갱			갱개개개…		캑		
장구	부호								
	구음				떠러러러…				
북	부호								
	구음				덩더더더…				
징	부호								
	구음				징지지지…				

느리게

2												3											
1			2			3			4			1			2			3			4		
○		○	○		○	○		◦○	○	○		○	○		○		○	○		◦○	○	○	
갠		지	갠		지	갠		지라	개	갱		개	갱		갠		지	갠		지라	개	갱	
⦶			⦶			⦶		i	○	|		⦶		i	○	|		◐		i	◉	|	
덩			덩			덩		기덕	쿵	따		덩		기덕	쿵	따		덩		기덕	쿵	따	
○			○			○			○			○											
덩			덩			덩			덩			덩											
○												○											
징												징											

제자리에 뛰면서　　큰 보폭으로 뛰어가면서

4												5											
1			2			3			4			1			2			3			4		
○		○	○		○	○		◦○	○	○		○	○		○		○	○		◦○	○	○	
갠		지	갠		지	갠		지라	개	갱		개	갱		갠		지	갠		지라	개	갱	
⦶		i	○	|		◐		i	◉	|		⦶		i	○	|		◐		i	◉	|	
덩		기덕	쿵	따		덩		기덕	쿵	따		덩		기덕	쿵	따		덩		기덕	쿵	따	
○												○											
덩												덩											
○												○											
징												징											

【제4~5마디×2회 정도】 반복 시 두개의 원진으로

6												7											
1			2			3			4			1			2			3			4		
○	◯		○	◯		◯		∘◯	○	◯		◯	◯	◯	○	◯		◯	◯	◯	○	◯	
개	갱		개	갱		갠		지라	개	갱		사	사	꾸	사	사		사	사	꾸	사	사	
⦶		i	◯	|		◐		i	◉	|		⦶		i	◯	|		◐		i	◉	|	
덩		기덕	쿵	따		덩		기덕	쿵	따		덩		기덕	쿵	따		덩		기덕	쿵	따	
◯												◯											
덩												덩											
◯												◯											
징												징											

8												9											
1			2			3			4			1			2			3			4		
◯	◯	◯	◯	◯	◯	◯	◯	◯	○	◯		◯	◯	◯	○	◯		◯	◯	◯	○	◯	
사	사	꾸	사	사	꾸	사	사	꾸	사	사		사	사	꾸	사	사		사	사	꾸	사	사	
⦶		i	◯	|		◐		i	◉	|		⦶		i	◯	|		◐		i	◉	|	
덩		기럭	쿵	따		덩		기덕	쿵	따		덩		기덕	쿵	따		덩		기덕	쿵	따	
◯		○	◯		○	◯		○	◯			◯		○	◯		○	◯		○	◯		
덩		더	덩		더	덩		더	덩			덩		더	덩		더	덩		더	덩		
◯												◯											
징												징											

옆으로 뛰면서

10												11											
1			2			3			4			1			2			3			4		
◯	◯	◯	◯	◯	◯	◯	◯	◯	○	◯		○	◯		◯		○	◯		∘◯	○	◯	
사	사	꾸	사	사	꾸	사	사	꾸	사	사		개	갱		갠		지	갠		지라	개	갱	
⦶		i	◯	|		◐		i	◉	|		⦶		i	◯	|		◐		i	◉	|	
덩		기덕	쿵	따		덩		기덕	쿵	따		덩		기덕	쿵	따		덩		기덕	쿵	따	
◯		○	◯		○	◯		○	◯			◯		○	◯		○	◯		○	◯		
덩		더	덩		더	덩		더	덩			덩		더	덩		더	덩		더	덩		
◯												◯											
징												징											

제자리에서

조금 빠르게

12												13											
1			2			3			4			1			2			3			4		
◯		○	◯		○	◯		∘○	○	◯		○	◯		◯		○	◯		∘○	○	◯	
갠		지	갠		지	갠		지라	개	갱		개	갱		갠		지	갠		지라	개	갱	
⦶		i	◯	|		◐		i	◉	|		⦶		i	◯	|		◐		i	◉	|	
덩		기덕	쿵	따		덩		기덕	쿵	따		덩		기덕	쿵	따		덩		기덕	쿵	따	
◯		○	◯		○	◯		○	◯			◯		○	◯		○	◯		○	◯		
덩		더	덩		더	덩		더	덩			덩		더	덩		더	덩		더	덩		
◯												◯											
징												징											

14											
1			2			3			4		
○	◯		○	◯		◯			●		
개	갱		개	갱		캥			캑		
⦶		i	◯	|		◐		i	◉	|	
덩		기덕	쿵	따		덩		기덕	쿵	따	
◯		○	◯		○	◯		○	◯		
덩		더	덩		더	덩		더	덩		
◯											
징											

허이!

15												16											
1			2			3			4			1			2			3			4		
◯	◯	◯	◯	◯	◯	◯	◯	◯	○	◯		◯	◯	◯	◯	◯	◯	◯	◯	◯	○	◯	
사	사	꾸	사	사	꾸	사	사	꾸	사	사		사	사	꾸	사	사	꾸	사	사	꾸	사	사	
⦶	|	|	◉	|	|	◯	|	|	◉	|		⦶	|	|	◉	|	|	◯	|	|	◉	|	
덩	따	따	쿵	따	따	쿵	따	따	쿵	따		덩	따	따	쿵	따	따	쿵	따	따	쿵	따	
◯		○	◯		○	◯		○	◯			◯		○	◯		○	◯		○	◯		
덩		더	덩		더	덩		더	덩			덩		더	덩		더	덩		더	덩		
◯												◯											
징												징											

제자리에서 천천히 돌기

17												18											
1			2			3			4			1			2			3			4		
○	○	○	○	○	○	○	○	○	∘	○		∘	○		○		∘	○		∘○	∘	○	
사	사	꾸	사	사	꾸	사	사	꾸	사	사		개	갱		갠		지	갠		지라	개	갱	
⦶	ǀ	ǀ	◉	ǀ	ǀ	○	ǀ	ǀ	◉	ǀ		⦶			⦶	○		ǀ			○		
덩	따	따	쿵	따	따	쿵	따	따	쿵	따		덩			덩	쿵		따			쿵		
○		∘	○		∘	○		∘	○			○			✋	○					⊘		
덩		더	덩		더	덩		더	덩			덩			쿠	궁					딱		
○												○											
징												징											

제자리에서

19												20											
1			2			3			4			1			2			3			4		
○		∘	○		∘	○		∘○	∘	○		∘	○		○		∘	○		∘○	∘	○	
갠		지	갠		지	갠		지라	개	갱		개	갱		갠		지	갠		지라	개	갱	
⦶		i	○	ǀ		◐		i	◉	ǀ		⦶		i	○	ǀ		◐		i	◉	ǀ	
덩		기덕	쿵	따		덩		기덕	쿵	따		덩		기덕	쿵	따		덩		기덕	쿵	따	
○		∘	○		∘	○		∘	○			○		∘	○		∘	○		∘	○		
덩		더	덩		더	덩		더	덩			덩		더	덩		더	덩		더	덩		
○												○											
징												징											

제자리걸음으로

21												22											
1			2			3			4			1			2			3			4		
○	○	○	○	○	○	○	○	○	○	○	○	○	○	○	○	○	○	○		∘○	∘	○	
사	사	꾸	사	사	꾸	사	사	꾸	사	사	꾸	개	개	개	개	개	개	갠		지라	개	갱	
⦶	ǀ	ǀ	◉	ǀ	ǀ	○	ǀ	ǀ	◉	ǀ	ǀ	○	ǀ	ǀ	◉	ǀ	ǀ	○	ǀ	ǀ	◉	ǀ	
덩	따	따	쿵	따	따	쿵	따	따	쿵	따	따	쿵	따	따	쿵	따	따	쿵	따	따	쿵	따	
○		∘	○		∘	○		∘	○			○		∘	○		∘	○		∘	○		
덩		더	덩		더	덩		더	덩			덩		더	덩		더	덩		더	덩		
○												○											
징												징											

【제23마디×4회 정도】 (반복 시 장구 첫 장단은 ○“쿵”임)

매우 강하게

23												24											
1			2			3			4			1			2			3			4		
○		○		○		○		○		○		◦	○		◦	○		○		○			
갱		갱		갱		갱		갱		갱		개	갱		개	갱		캥		캥			
⦶		⦶		⦶		⦶		⦶		⦶		⦶	⦶		⦶	⦶		⦶		⦶			
덩		덩		덩		덩		덩		덩		덩	덩		덩	덩		덩		덩			
○		○		○		○		○		○		○	○		○	○		○		○			
덩		덩		덩		덩		덩		덩		덩	덩		덩	덩		덩		덩			
○						○						○						○					
징						징						징						징					

중앙에 모여서

25												26											
1			2			3			4			1			2			3			4		
○			◦	○		○		○				○			◦	○					●		
캥			개	갱		캥		캥				캥			개	갱		(웃)			캑		
⦶			⦶	⦶		⦶		⦶				⦶			⦶	⦶					⦶		
덩			덩	덩		덩		덩				덩			덩	덩					덩		
○			○	○		○		○				○			○	○					○		
덩			덩	덩		덩		덩				덩			덩	덩					덩		
○												○											
징												징											

뒤로 물러나면서

<정간보 10> 아홉째마당

10) 개인가락

북 개인가락1

조금 느리게

마디		1											
박		1			2			3			4		
북	부호	○			○			○		⊘	◉		
	구음	덩			덩			덩		따	쿵		

마디		2											
박		1			2			3			4		
북	부호	○		◉	○			◉		⊘	◉		
	구음	덩		쿵	덩			쿵		따	쿵		

제자리에서

【제1마디×2회】

【제2마디×2회】

3											
1			2			3			4		
○		CO	○			◉		⊘	◉		
덩		더구	덩			쿵		따	쿵		

4											
1			2			3			4		
○		○		○		◉		⊘	◉	⊘	
덩		덩		덩		쿵		따	쿵	따	

【제3마디×2회】

중앙으로 모이면서

【제4마디×2회】

북 개인가락2

5											
1			2			3			4		
○	⊘		○	⊘		○	⊘		○	⊘	
덩	따		덩	따		덩	따		덩	따	

6											
1			2			3			4		
○	⊘	○	⊘	○	⊘	○		⊘	◉	⊘	
덩	따	덩	따	덩	따	덩		따	쿵	따	

【제5마디×2회】

【제6마디×2회】

7											
1			2			3			4		
○		◉	○			◉		⊘	◉		
덩		쿵	덩			쿵		따	쿵		

뒤로 물러나면서

북 개인가락3

마디		8												9											
박		1			2			3			4			1			2			3			4		
쇠	부호																						●		
	구음																						캑		
북	부호	○			◦			◦			◦			○		✋	○			✋		⊘	✋		
	구음	덩			똑			똑			똑			덩		쿵	덩			쿵		따	쿵		

외발로 굽혀서 돌기
【제8마디×3회】

제자리에서 살짝 뛰면서

자진모리장단 빠르게

마디		10												11											
박		1			2			3			4			1			2			3			4		
쇠	부호	○		○	○		○	○		◦○	○	○		○	○		○		○	○		◦○	○	○	
	구음	갠		지	갠		지	갠		지라	개	갱		개	갱		갠		지	갠		지라	개	갱	
장구	부호	⦶		i	○	|		◐		i	⊙	|		⦶		i	○	|		◐		i	⊙	|	
	구음	덩		기덕	쿵	따		덩		기덕	쿵	따		덩		기덕	쿵	따		덩		기덕	쿵	따	
북	부호	○		○	○		○	○		○	○			○		○	○		○	○		○	○		
	구음	덩		더	덩		더	덩		더	덩			덩		더	덩		더	덩		더	덩		
징	부호	○												○											
	구음	징												징											

제자리걸음으로
【제10~11마디×2회】

12												13											
1			2			3			4			1			2			3			4		
○	○	○	○	○	○	○	○	○	○	○	○	○	○	○	○	○	○	○		◦○	○	○	
사	사	꾸	사	사	꾸	사	사	꾸	사	사	꾸	개	개	개	개	개	개	갠		지라	개	갱	
⦶	|	|	⊙	|	|	○	|	|	⊙	|	|	○	|	|	⊙	|	|	○	|	|	⊙	|	
덩	따	따	쿵	따	따	쿵	따	따	쿵	따	따	쿵	따	따	쿵	따	따	쿵	땨	따	쿵	따	
○		○	○		○	○		○	○			○		○	○		○	○		○	○		
덩		더	덩		더	덩		더	덩			덩		더	덩		더	덩		더	덩		
○												○											
징												징											

중앙으로 모이면서
【제12마디×4회 정도】 (반복 시 장구 첫 장단은 ○“쿵”임)

강하게

14												15											
1			2			3			4			1			2			3			4		
○		○		○		○		○		○		○	○		○	○		○		○			
갱		갱		갱		갱		갱		갱		개	갱		개	갱		캥		캥			
⦶		⦶		⦶		⦶		⦶		⦶		⦶	⦶		⦶	⦶		⦶		⦶			
덩		덩		덩		덩		덩		덩		덩	덩		덩	덩		덩		덩			
○		○		○		○		○		○		○	○		○	○		○		○			
덩		덩		덩		덩		덩		덩		덩	덩		덩	덩		덩		덩			
○						○						○						○					
징						징						징						징					

오른발을 앞으로 내밀면서

16												17											
1			2			3			4			1			2			3			4		
○			○	○		○		○				○			○	○					●		
캥			개	갱		캥		캥				캥			개	갱		(웃)			캑		
⦶			⦶	⦶		⦶		⦶				⦶			⦶	○		|			○		
덩			덩	덩		덩		덩				덩			덩	쿵		따			쿵		
○			○	○		○		○				○			✋	○					∅		
덩			덩	덩		덩		덩				덩			쿠	궁					딱		
○												○											
징												징											

18												19											
1			2			3			4			1			2			3			4		
○			●		○	○		∘○	○	○		○			●		○	○		∘○	○	○	
갱			캣		지	갠		지라	개	갱		갱			캣		지	갠		지라	개	갱	
⦶			⦶			◐		i	◉	|		⦶			⦶			◐		i	◉	|	
덩			덩			덩		기덕	쿵	따		덩			덩			덩		기덕	쿵	따	
○			○			○			○			○			○			○			○		
덩			덩			덩			덩			덩			덩			덩			덩		
○												○											
징												징											

북넘기1 북넘기2

20												21											
1			2			3			4			1			2			3			4		
○			●		○	○		∘○	○	○		○			●		○	○		∘○	○	○	
갱			캣		지	갠		지라	개	갱		갱			캣		지	갠		지라	개	갱	
⦶			⦶			◐		i	⊙	|		⦶			⦶			◐		i	⊙	|	
덩			덩			덩		기덕	쿵	따		덩			덩			덩		기덕	쿵	따	
○			○			○			○			○			○			○			○		
덩			덩			덩			덩			덩			덩			덩			덩		
○												○											
징												징											

북넘기3 북넘기4

22												23											
1			2			3			4			1			2			3			4		
○		○	○		○	○		∘○	○	○		○	○		○		○	○		∘○	○	○	
갠		지	갠		지	갠		지라	개	갱		개	갱		갠		지	갠		지라	개	갱	
⦶		i	○	|		◐		i	⊙	|		⦶		i	○	|		◐		i	⊙	|	
덩		기덕	쿵	따		덩		기덕	쿵	따		덩		기덕	쿵	따		덩		기덕	쿵	따	
○		○	○		○	○		○	○			○		○	○		○	○		○	○		
덩		더	덩		더	덩		더	덩			덩		더	덩		더	덩		더	덩		
○												○											
징												징											

24												25											
1			2			3			4			1			2			3			4		
○		○	○		○	○		∘○	○	○		○	○		○	○		○			●		
갠		지	갠		지	갠		지라	개	갱		지	갱		지	갱		캥			캑		
⦶		i	○	|		◐		i	⊙	|		⦶		i	○	|		◐			i		
덩		기덕	쿵	따		덩		기덕	쿵	따		덩		기덕	쿵	따		덩			기덕		
○		○	○		○	○		○	○			○		○	○		○	○		○	○		
덩		더	덩		더	덩		더	덩			덩		더	덩		더	덩		더	덩		
○												○											
징												징											

<정간보 11> 열째마당

11) 살풀이굿

굿거리장단

마디		1					
박		1	2	3	4		
쇠	부호				●		
	구음	갱개개개…			캑		
장구	부호				×		
	구음	떠러러러…			딱		
북	부호				⊘		
	구음	덩더더더…			딱		
징	부호						
	구음	징지지지…					

매우 느리게

2												3											
1			2			3			4			1			2			3			4		
○			○		○	○		◦○	○		●		○		○		○	○		◦○	○		○
갱			갠		갱	갠		지갠	갱		캑	(웃)	갱		갠		갱	갠		지갠	갱		개
												⦶		⦶	⦶	◦	i	○	◦	i	○	i	◦◦
												덩		덩	덩	기	기덕	쿵	기	기덕	쿵	기덕	기기
												○						○		○	✋	⊘	
												덩						덩		덩	쿵	따	
												○											
												징											

쇠[1] 얼 ~ 씨구 좋 ~ 다! 쇠[2]

4												5											
1			2			3			4			1			2			3			4		
○		◦○		◦○	○	○		◦○	○		○	○		◦○		◦○	○	◦○	○◦	○○	○	○	○
갠		지갠	(웃)	지갠	갱	갠		지갠	갱		갱	갠		지갠	(웃)	지갠	갱	지갠	갠지	개개	갱	갱	갱
⦶		⦶	⦶	◦	i	○	◦	i	○	i	◦◦	⦶		⦶	⦶	◦	i	○	◦	i	○	i	◦◦
덩		덩	덩	기	기덕	쿵	기	기덕	쿵	기덕	기기	덩		덩	덩	기	기덕	쿵	기	기덕	쿵	기덕	기기
○						○		○	✋	⊘		○						○		○	✋	⊘	
덩						덩		덩	쿵	따		덩						덩		덩	쿵	따	
○												○											
징												징											

쇠[3] 쇠[4]

【제4마디×2회】

6												7											
1			2			3			4			1			2			3			4		
○	○∘	○○	○	○∘	○○	○	○∘	○○	○	○	○	○○	○○	○	○○	○○	○	○◯	○◯		∘○	○	○
캥	갠지	개개	갱	갠지	개개	갱	갠지	개개	갱	갱	캥	개개	개개	갠	개개	개개	갠	개갱	개갱		지갱	갱	갱
⦶		⦶	⦶	∘	i	○	∘	i	○	i	∘∘	⦶		⦶	⦶	∘	i	○	∘	i	○	i	∘∘
덩		덩	덩	기	기덕	쿵	기	기덕	쿵	기덕	기기	덩		덩	덩	기	기덕	쿵	기	기덕	쿵	기덕	기기
○						○		○	✋	⊘		○						○		○	✋	⊘	
덩						덩		덩	쿵	따		덩						덩		덩	쿵	따	
○												○											
징												징											

쇠5 　　　　　　　　　　　　　　　쇠6

【제6마디×2회】

8												9											
1			2			3			4			1			2			3			4		
○○	○○	○∘	○∘	○∘	○∘	○∘	○∘	○∘	○∘	○∘	○∘	○○	○○	○∘	○∘	○∘	○∘	○∘	○∘	○∘	○	○	●
개개	개개	갠지	갠지	갠지	갠지	갠지	갠지	갠지	갠지	갠지	갠지	개개	개개	갠지	갠지	갠지	갠지	갠지	갠지	갠지	갱	갱	캑
⦶		⦶	⦶	∘	i	○	∘	i	○	i	∘∘	⦶		⦶	⦶	∘	i	○	∘	i	○	i	∘∘
덩		덩	덩	기	기덕	쿵	기	기덕	쿵	기덕	기기	덩		덩	덩	기	기덕	쿵	기	기덕	쿵	기덕	기기
○						○		○	✋	⊘		○						○		○	✋	⊘	
덩						덩		덩	쿵	따		덩						덩		덩	쿵	따	
○												○											
징												징											

쇠7 　　　　　　　　　　　　　　　쇠8

【제8마디×3회】

10												11											
1			2			3			4			1			2			3			4		
○			●		●		●		●		●	○			●		●		●		●		○
캥			캑		캑	(읏)	캑	(읏)	캑	(읏)	캑	캥			캑		캑	(읏)	캑	(읏)	캑	(읏)	캥
⦶	⦶		⦶	⦶		|○		|○	|	○	∘∘	⦶		⦶	⦶	∘	i	○	∘	i	○	i	∘∘
덩	덩		덩	덩		따쿵		따쿵	따	쿵	기기	덩		덩	덩	기	기덕	쿵	기	기덕	쿵	기덕	기기
○	○		○	○		○		○	✋	⊘		○						○		○	✋	⊘	
덩	덩		덩	덩		덩		덩	쿵	따		덩						덩		덩	쿵	따	
○												○											
징												징											

쇠9 몰우기 　　　　　　　좋 ~ 다! 제자리에서 한바퀴 돌기

12											
1			2			3			4		
○	○∘	○○	○	○∘	○○	○	○∘	○○	○	○	○
캥	갠지	개개	갱	갠지	개개	갱	갠지	개개	갱	갱	캥
⦶		⦶	⦶	∘	i	○	∘	i	○	i	∘∘
덩		덩	덩	기	기덕	쿵	기	기덕	쿵	기덕	기기
○						○		○	✋	⊘	
덩						덩		덩	쿵	따	
○											
징											

【제12마디×4회】

13												14											
1			2			3			4			1			2			3			4		
○○	○○	○∘	○∘	○∘	○∘	○∘	○∘	○∘	○∘	○∘	○∘	○○	○○	○∘	○∘	○∘	○∘	○∘	○∘	○∘	○	○	●
개개	개개	갠지	갠지	갠지	갠지	갠지	갠지	갠지	갠지	갠지	갠지	개개	개개	갠지	갠지	갠지	갠지	갠지	갠지	갠지	갱	갱	캑
⦶		⦶	⦶	∘	i	○	∘	i	○	i	∘∘	⦶		⦶	⦶	∘	i	○	∘	i	○	i	∘∘
덩		덩	덩	기	기덕	쿵	기	기덕	쿵	기덕	기기	덩		덩	덩	기	기덕	쿵	기	기덕	쿵	기덕	기기
○						○		○	✋	⊘		○						○		○	✋	⊘	
덩						덩		덩	쿵	따		덩						덩		덩	쿵	따	
○												○											
징												징											

15												16											
1			2			3			4			1			2			3			4		
○			●		●		●		●		●	○			●		●		●		●		○
캥			캑		캑	(웃)	캑	(웃)	캑	(웃)	캑	캥			캑		캑	(웃)	캑	(웃)	캑	(웃)	캥
⦶	⦶		⦶	⦶		|○		|○	|	○	∘∘	⦶		⦶	⦶	∘	i	○	∘	i	○	i	∘∘
덩	덩		덩	덩		따쿵		따쿵	따	쿵	기기	덩		덩	덩	기	기덕	쿵	기	기덕	쿵	기덕	기기
○	○		○	○		○		○	✋	⊘		○						○		○	✋	⊘	
덩	덩		덩	덩		덩		덩	쿵	따		덩						덩		덩	쿵	따	
○												○											
징												징											

몰우기 / 제자리에서 한바퀴 돌기

17												18											
1			2			3			4			1			2			3			4		
○	○◦	○○	○	○◦	○○	○	○◦	○○	○	○	○	○○	○○	○◦	○◦	○◦	○◦	○◦	○◦	○◦	○	○	●
캥	갠지	개개	갱	갠지	개개	갱	갠지	개개	갱	갱	캥	개개	개개	갠지	갠지	갠지	갠지	갠지	갠지	갠지	갱	갱	캑
⦶		⦶	⦶	◦	i	○	◦	i	○	i	◦◦	⦶		⦶	⦶	◦	i	○	◦	i	○	i	◦◦
덩		덩	덩	기	기덕	쿵	기	기덕	쿵	기덕	기기	덩		덩	덩	기	기덕	쿵	기	기덕	쿵	기덕	기기
○						○		○	✋	⊘		○						○		○	✋	⊘	
덩						덩		덩	쿵	따		덩						덩		덩	쿵	따	
○												○											
징												징											

【제17마디×2회】

19											
1			2			3			4		
○			●		●		●		●		●
캥			캑		캑	(읏)	캑	(읏)	캑	(읏)	캑
⦶	⦶		⦶	⦶		|○		|○	|	○	◦◦
덩	덩		덩	덩		따쿵		따쿵	따	쿵	기기
○	○		○	○		○		○	✋	⊘	
덩	덩		덩	덩		덩		덩	쿵	따	
○											
징											

몰우기(둘씩 짝을 지어서)

20												21											
1			2			3			4			1			2			3			4		
○	○◦	○○	○	○◦	○○	○	○◦	○○	○	○	○	○○	○○	○◦	○◦	○◦	○◦	○◦	○◦	○◦	○	○	●
캥	갠지	개개	갱	갠지	개개	갱	갠지	개개	갱	갱	캥	개개	개개	갠지	갠지	갠지	갠지	갠지	갠지	갠지	갱	갱	캑
⦶		⦶	⦶	◦	i	○	◦	i	○	i	◦◦	⦶		⦶	⦶	◦	i	○	◦	i	○	i	◦◦
덩		덩	덩	기	기덕	쿵	기	기덕	쿵	기덕	기기	덩		덩	덩	기	기덕	쿵	기	기덕	쿵	기덕	기기
○			○	○		○		○	✋	⊘		○			○	○		○		○	✋	⊘	
덩			더	덩		덩		덩	쿵	따		덩			더	덩		덩		덩	쿵	따	
○												○											
징												징											

2인 옆 얼우기(앉으며 좌 옆으로) (앉으며 우 옆으로) 허이!

22											
1			2			3			4		
○			●		●		●		●		●
캥			캑		캑	(웃)	캑	(웃)	캑	(웃)	캑
⦶	⦶		⦶	⦶		|○		|○	|	○	∘∘
덩	덩		덩	덩		따쿵		따쿵	따	쿵	기기
○	○		○	○		○		○	✋	⊘	
덩	덩		덩	덩		덩		덩	쿵	따	
○											
징											

몰우기

23											
1			2			3			4		
○	○∘	○○	○	○∘	○○	○	○∘	○○	○	○	○
캥	갠지	개개	갱	갠지	개개	갱	갠지	개개	갱	갱	캥
⦶		⦶	⦶	∘	i	○	∘	i	○	i	∘∘
덩		덩	덩	기	기덕	쿵	기	기덕	쿵	기덕	기기
○			○	○		○		○	✋	⊘	
덩			더	덩		덩		덩	쿵	따	
○											
징											

24											
1			2			3			4		
●											
캑											
⦶		⦶	⦶	∘	i	○	∘	i	○	i	∘∘
덩		덩	덩	기	기덕	쿵	기	기덕	쿵	기덕	기기
○						○		○	✋	⊘	
덩						덩		덩	쿵	따	
○											
징											

【*제23마디×5회】
1회) 2인 옆 얼우기(일어서며 좌 옆으로)
2회) 2인 옆 얼우기(일어서며 우 옆으로)
3, 4회) 2명 원형으로 천천히 돌기
5회) 제자리에

25											
1			2			3			4		
⦶		⦶	⦶	∘	i	○	∘	i	○	i	∘∘
덩		덩	덩	기	기덕	쿵	기	기덕	쿵	기덕	기기
○						○		○	✋	⊘	
덩						덩		덩	쿵	따	
○											
징											

26											
1			2			3			4		
○○		○○	○○		○○	○○		○○	○	○	○
개갱		개갱	개갱		개갱	개갱		개갱	갱	갱	갱
⦶		⦶	⦶	∘	i	○	∘	i	○	i	∘∘
덩		덩	덩	기	기덕	쿵	기	기덕	쿵	기덕	기기
○						○		○	✋	⊘	
덩						덩		덩	쿵	따	
○											
징											

【*제25마디×2회】

27												28											
1			2			3			4			1			2			3			4		
○	○◦	○○	○	○◦	○○	○	○◦	○○	○	○	○	○○	○○	○◦	○◦	○◦	○◦	○◦	○◦	○◦	○	○	●
캥	갠지	개개	갱	갠지	개개	갱	갠지	개개	갱	갱	캥	개개	개개	갠지	갠지	갠지	갠지	갠지	갠지	갠지	갱	갱	캑
⦶		⦶	⦶	◦	i	○	◦	i	○	i	◦◦	⦶		⦶	⦶	◦	i	○	◦	i	○	i	◦◦
덩		덩	덩	기	기덕	쿵	기	기덕	쿵	기덕	기기	덩		덩	덩	기	기덕	쿵	기	기덕	쿵	기덕	기기
○						○		○	🖐	⊘		○						○		○	🖐	⊘	
덩						덩		덩	쿵	따		덩						덩		덩	쿵	따	
○												○											
징												징											

【*제27마디×2회】

29												30											
1			2			3			4			1			2			3			4		
○			●		●		●		●		●	○			●		●		●		●		○
캥			캑		캑	(웃)	캑	(웃)	캑	(웃)	캑	캥			캑		캑	(웃)	캑	(웃)	캑	(웃)	캥
⦶	⦶		⦶	⦶		|○	|○		|	○	◦◦	⦶		⦶	⦶	◦	i	○	◦	i	○	i	◦◦
덩	덩		덩	덩		따쿵	따쿵		따	쿵	기기	덩		덩	덩	기	기덕	쿵	기	기덕	쿵	기덕	기기
○	○		○	○		○		○	🖐	⊘		○						○		○	🖐	⊘	
덩	덩		덩	덩		덩		덩	쿵	따		덩						덩		덩	쿵	따	
○												○											
징												징											

몰우기

제자리에서 한바퀴 돌기

31												32											
1			2			3			4			1			2			3			4		
○	○◦	○○	○	○◦	○○	○	○◦	○○	○	○	○	○○	○○	○◦	○◦	○◦	○◦	○◦	○◦	○◦	○	○	●
캥	갠지	개개	갱	갠지	개개	갱	갠지	개개	갱	갱	캥	개개	개개	갠지	갠지	갠지	갠지	갠지	갠지	갠지	갱	갱	캑
⦶		⦶	⦶	◦	i	○	◦	i	○	i	◦◦	⦶		⦶	⦶	◦	i	○	◦	i	○	i	◦◦
덩		덩	덩	기	기덕	쿵	기	기덕	쿵	기덕	기기	덩		덩	덩	기	기덕	쿵	기	기덕	쿵	기덕	기기
○						○		○	🖐	⊘		○						○		○	🖐	⊘	
덩						덩		덩	쿵	따		덩						덩		덩	쿵	따	
○												○											
징												징											

33												34											
1			2			3			4			1			2			3			4		
○			●		●		●		●		●	○		●		●		○		∘○	○	●	
캥			캑		캑	(웃)	캑	(웃)	캑	(웃)	캑	캥		캑	(웃)	캑		캥		지캥	캥	캑	
⦶	⦶		⦶	⦶		|○		|○	|	○	∘∘	⦶		×	○	×		⦶		⦶	○	×	
덩	덩		덩	덩		따쿵		따쿵	따	쿵	기기	덩		따	쿵	따		덩		덩	쿵	따	
○	○		○	○		○		○	✋	⊘		○		⊘	✋	⊘		○		○	✋	⊘	
덩	덩		덩	덩		덩		덩	쿵	따		덩		따	쿵	따		덩		덩	쿵	따	
○												○											
징												징											

몰우기(두 명씩 두 줄 마주보기)

35												36											
1			2			3			4			1			2			3			4		
○	○∘	○○	○	○∘	○○	○	○∘	○○	○	○	○	○○	○○	○∘	○∘	○∘	○∘	○∘	○∘	○∘	○	○	●
캥	갠지	개개	갱	갠지	개개	갱	갠지	개개	갱	갱	캥	개개	개개	갠지	갠지	갠지	갠지	갠지	갠지	갠지	갱	갱	캑
⦶		⦶	⦶	∘	i	○	∘	i	○	i	∘∘	⦶		⦶	⦶	∘	i	○	∘	i	○	i	∘∘
덩		덩	덩	기	기덕	쿵	기	기덕	쿵	기덕	기기	덩		덩	덩	기	기덕	쿵	기	기덕	쿵	기덕	기기
○						○		○	✋	⊘		○						○		○	✋	⊘	
덩						덩		덩	쿵	따		덩						덩		덩	쿵	따	
○												○											
징												징											

[*제35마디×여러 번]
1) 제자리에서 한바퀴 돌기
2) 두 개의 원진으로
두 줄로 정면을 향하여 나오기

37												38											
1			2			3			4			1			2			3			4		
○			●		●		●		●		●	○			●		●		●		●		○
캥			캑		캑	(웃)	캑	(웃)	캑	(웃)	캑	캥			캑		캑	(웃)	캑	(웃)	캑	(웃)	캥
⦶	⦶		⦶	⦶		|○		|○	|	○	∘∘	⦶		⦶	⦶	∘	i	○	∘	i	○	i	∘∘
덩	덩		덩	덩		따쿵		따쿵	따	쿵	기기	덩		덩	덩	기	기덕	쿵	기	기덕	쿵	기덕	기기
○	○		○	○		○		○	✋	⊘		○						○		○	✋	⊘	
덩	덩		덩	덩		덩		덩	쿵	따		덩						덩		덩	쿵	따	
○												○											
징												징											

몰우기(제자리에서) 제자리에서 한바퀴 돌기

39												40											
1			2			3			4			1			2			3			4		
○	○∘	○○	○	○∘	○○	○	○∘	○○	○	○	○	○○	○○	○∘	○∘	○∘	○∘	○∘	○∘	○∘	○	○	●
캥	갠지	개개	갱	갠지	개개	갱	갠지	개개	갱	갱	캥	개개	개개	갠지	갠지	갠지	갠지	갠지	갠지	갠지	갱	갱	캑
⦶		⦶	⦶	∘	i	○	∘	i	○	i	∘∘	⦶		⦶	⦶	∘	i	○	∘	i	○	i	∘∘
덩		덩	덩	기	기덕	쿵	기	기덕	쿵	기덕	기기	덩		덩	덩	기	기덕	쿵	기	기덕	쿵	기덕	기기
○						○		○	✋	⊘		○						○		○	✋	⊘	
덩						덩		덩	쿵	따		덩						덩		덩	쿵	따	
○												○											
징												징											

두 줄 서로 마주보기

41											
1			2			3			4		
○			●		●		●		●		●
캥			캑		캑	웃	캑	웃	캑	웃	캑
⦶	⦶		⦶	⦶		|○		|○	|	○	∘∘
덩	덩		덩	덩		따쿵		따쿵	따	쿵	기기
○	○		○	○		○		○	✋	⊘	
덩	덩		덩	덩		덩		덩	쿵	따	
○											
징											

몰우기(오른발 앞으로 내디디며)

42												43											
1			2			3			4			1			2			3			4		
○	○∘	○○	○	○∘	○○	○	○∘	○○	○	○	○	○○	○○	○∘	○∘	○∘	○∘	○∘	○∘	○∘	○	○	●
캥	갠지	개개	갱	갠지	개개	갱	갠지	개개	갱	갱	캥	개개	개개	갠지	갠지	갠지	갠지	갠지	갠지	갠지	갱	갱	캑
⦶		⦶	⦶	∘	i	○	∘	i	○	i	∘∘	⦶		⦶	⦶	∘	i	○	∘	i	○	i	∘∘
덩		덩	덩	기	기덕	쿵	기	기덕	쿵	기덕	기기	덩		덩	덩	기	기덕	쿵	기	기덕	쿵	기덕	기기
○						○		○	✋	⊘		○						○		○	✋	⊘	
덩						덩		덩	쿵	따		덩						덩		덩	쿵	따	
○												○											
징												징											

옆 얼우기(앉으며 좌 옆으로)　　옆 얼우기(앉으며 우 옆으로)

44											
1			2			3			4		
○			●		●		●		●		●
캥			캑		캑	(웃)	캑	(웃)	캑	(웃)	캑
⦶	⦶		⦶	⦶		ǀ○	ǀ○		ǀ	○	∘∘
덩	덩		덩	덩		따쿵	따쿵		따	쿵	기기
○	○		○	○		○		○	✋	⊘	
덩	덩		덩	덩		덩		덩	쿵	따	
○											
징											

몰우기(가운데)

45											
1			2			3			4		
○	○∘	○○	○	○∘	○○	○	○∘	○○	○	○	○
캥	갠지	개개	갱	갠지	개개	갱	갠지	개개	갱	갱	캥
⦶		⦶	⦶	∘	i	○	∘	i	○	i	∘∘
덩		덩	덩	기	기덕	쿵	기	기덕	쿵	기덕	기기
○						○		○	✋	⊘	
덩						덩		덩	쿵	따	
○											
징											

【*제45마디×5회】
1회) 옆 얼우기(일어서며 좌 옆으로)
2회) 옆 얼우기(일어서며 우 옆으로)
3회) 뒤로 물러나기

<정간보 12> 열한째 마당

12) 개인놀이

굿거리장단 느리게

마디		1												2											
박		1			2			3			4			1			2			3			4		
쇠	부호	○	○◦	○○	○	○◦	○○	○	○◦	○○	○	○	○	○○	○○	○◦	○◦	○◦	○◦	○◦	○◦	○◦	○	○	●
	구음	갱	갠지	개개	갱	갠지	개개	갱	갠지	개개	갱	갱	갱	개개	개개	갠지	갠지	갠지	갠지	갠지	갠지	갠지	갱	갱	객
장구	부호	⦶		⦶	⦶	◦	i	○	◦	i	○	i	◦◦	⦶		⦶	⦶	◦	i	○	◦	i	○	i	◦◦
	구음	덩		덩	덩	기	기덕	쿵	기	기덕	쿵	기덕	기기	덩		덩	덩	기	기덕	쿵	기	기덕	쿵	기덕	기기
북	부호	○						○		○	✋	⊘		○						○		○	✋	⊘	
	구음	덩						덩		덩	쿵	따		덩						덩		덩	쿵	따	
징	부호	○												○											
	구음	징												징											

【*제1마디×여러 번】 허이!

한 장단에 한 명씩 세 명 중앙으로(개인묘기 펼치는 인원 재량껏)

3												4											
1			2			3			4			1			2			3			4		
○			●		●		●		●		●	○			●		●		●		●		●
캥			캑		캑	(읏)	캑	(읏)	캑	(읏)	캑	캥			캑		캑	(읏)	캑	(읏)	캑	(읏)	캑
⦶	⦶		⦶	⦶		│○	│○		│	○	◦◦	⦶		⦶	⦶	◦	i	○	◦	i	○	i	◦◦
덩	덩		덩	덩		따쿵	따쿵		따	쿵	기기	덩		덩	덩	기	기덕	쿵	기	기덕	쿵	기덕	기기
○	○		○	○		○		○	✋	⊘		○						○		○	✋	⊘	
덩	덩		덩	덩		덩		덩	쿵	따		덩						덩		덩	쿵	따	
○												○											
징												징											

3명 몰우기 3명 얼우기

5											
1			2			3			4		
○			●		●		●		●		○
캥			캑		캑	(읏)	캑	(읏)	캑	(읏)	캥
⦶		⦶	⦶	◦	i	○	◦	i	○	i	◦◦
덩		덩	덩	기	기덕	쿵	기	기덕	쿵	기덕	기기
○						○		○	✋	⊘	
덩						덩		덩	쿵	따	
○											
징											

6												7											
1			2			3			4			1			2			3			4		
○	○∘	○○	○	○∘	○○	○	○∘	○○	○	○	○	○○	○○	○∘	○∘	○∘	○∘	○∘	○∘	○∘	○	○	●
캥	갠지	개개	갱	갠지	개개	갱	갠지	개개	갱	갱	캥	개개	개개	갠지	갠지	갠지	갠지	갠지	갠지	갠지	갱	갱	캑
⦶		⦶	⦶	∘	i	○	∘	i	○	i	∘∘	⦶		⦶	⦶	∘	i	○	∘	i	○	i	ǀ
덩		덩	덩	기	기덕	쿵	기	기덕	쿵	기덕	기기	덩		덩	덩	기	기덕	쿵	기	기덕	쿵	기덕	따
○						○		○	✋	⊘		○						○		○	✋		⊘
덩						덩		덩	쿵	따		덩						덩		덩	쿵		따
○												○											
징												징											

자진모리장단 조금 빠르게

8												9											
1			2			3			4			1			2			3			4		
○		○	○		○	○		∘○	○	○		○	○		○		○	○		∘○	○	○	
갠		지	갠		지	갠		지라	개	갱		개	갱		갠		지	갠		지라	개	갱	
⦶			⦶			⦶		i	◉	ǀ		⦶		i	○	ǀ		◐		i	◉	ǀ	
덩			덩			덩		기덕	쿵	따		덩		기덕	쿵	따		덩		기덕	쿵	따	
○			○			○			○			○						○	○				
덩			덩			덩			덩			덩						덩	덩				
○												○											
징												징											

점점 빠르게

10												11											
1			2			3			4			1			2			3			4		
○		○	○		○	○		∘○	○	○		○	○		○		○	○		∘○	○	○	
갠		지	갠		지	갠		지라	개	갱		개	갱		갠		지	갠		지라	개	갱	
⦶		i	○	ǀ		◐		i	○	ǀ		⦶		i	○	ǀ		◐		i	◉	ǀ	
덩		기덕	쿵	따		덩		기덕	쿵	따		덩		기덕	쿵	따		덩		기덕	쿵	따	
○						○	○					○						○	○				
덩						덩	덩					덩						덩	덩				
○												○											
징												징											

개인묘기 펼치기

【*제10~11마디×여러 번】

빠르게

12											
1			2			3			4		
○	○	○	○	○	○	○	○	○	○	○	○
사	사	꾸	사	사	꾸	사	사	꾸	사	사	꾸
⦶	|	|	◉	|	|	○	|	|	◉	|	|
덩	따	따	쿵	따	따	쿵	따	따	쿵	따	따
○		○(소)	○		○(소)	○		○(소)	○		
덩		더	덩		더	덩		더	덩		
○											
징											

【*제12마디×4회】 (반복 시 장구 첫 장단은 ○"쿵"임)

강하게

13												14											
1			2			3			4			1			2			3			4		
○		○		○		○		○		○		○(소)	○		○(소)	○		○		●			
갱		갱		갱		갱		갱		갱		개	갱		개	갱		갱		캑			
⦶		⦶		⦶		⦶		⦶		⦶		⦶	⦶		⦶	⦶		⦶		⦶			
덩		덩		덩		덩		덩		덩		덩	덩		덩	덩		덩		덩			
○		○		○		○		○		○		○	○		○	○		○		○			
덩		덩		덩		덩		덩		덩		덩	덩		덩	덩		덩		덩			
○						○						○											
징						징						징											

3명 모여치기

15												16											
1			2			3			4			1			2			3			4		
○			○(소)	○		○		●				○			○(소)	○				●			
갱			개	갱		갱		캑				갱			개	갱		(웃)		캑			
⦶			⦶	⦶		⦶		⦶				⦶			⦶	⦶				⦶			
덩			덩	덩		덩		덩				덩			덩	덩				덩			
○			○	○		○		○				○			○	○				○			
덩			덩	덩		덩		덩				덩			덩	덩				덩			
○												○											
징												징											

발 바꾸기

17												18											
1			2			3			4			1			2			3			4		
○			●		○	○		∘○	○	○		○	○		○		○	○		∘○	○	○	
갱			캣		지	갠		지라	개	갱		개	갱		갠		지	갠		지라	개	갱	
⦶			⦶			◉		i	◉	ǀ		⦶			◉			○		i	◉	ǀ	
덩			덩			쿵		기덕	쿵	따		덩			쿵			덩		기덕	쿵	따	
○			○			○			○			○			○			○			○		
덩			덩			덩			덩			덩			덩			덩			덩		
○												○											
징												징											

북넘기 앉을상 채발림

19												20											
1			2			3			4			1			2			3			4		
○			●		○	○		∘○	○	○		○			●		○	○		∘○	○	○	
갱			캣		지	갠		지라	개	갱		갱			캣		지	갠		지라	개	갱	
⦶			⦶			◉		i	◉	ǀ		⦶			⦶			◉		i	◉	ǀ	
덩			덩			쿵		기덕	쿵	따		덩			덩			쿵		기덕	쿵	따	
○			○			○			○			○			○			○			○		
덩			덩			덩			덩			덩			덩			덩			덩		
○												○											
징												징											

북넘기1 북넘기2

21												22											
1			2			3			4			1			2			3			4		
○		○	○		○	○		∘○	○	○		○	○		○		○	○		∘○	○	○	
갠		지	갠		지	갠		지라	개	갱		개	갱		갠		지	갠		지라	개	갱	
⦶			◉			○		i	◉	ǀ		⦶			◉			○		i	◉	ǀ	
덩			쿵			덩		기덕	쿵	따		덩			쿵			덩		기덕	쿵	따	
○			○			○			○			○			○			○			○		
덩			덩			덩			덩			덩			덩			덩			덩		
○												○											
징												징											

앉을상1 채발림 앉을상2 채발림

23												24											
1			2			3			4			1			2			3			4		
○			●		○	○		∘○	○	○		○			●		○	○		∘○	○	○	
갱			캣		지	갠		지라	개	갱		갱			캣		지	갠		지라	개	갱	
⦶			⦶			◉		i	◉	│		⦶			⦶			◉		i	◉	│	
덩			덩			쿵		기덕	쿵	따		덩			덩			쿵		기덕	쿵	따	
○			○			○			○			○			○			○			○		
덩			덩			덩			덩			덩			덩			덩			덩		
○												○											
징												징											

북넘기1

북넘기2

25												26											
1			2			3			4			1			2			3			4		
○			●		○	○		∘○	○	○		○			●		○	○		∘○	○	○	
갱			캣		지	갠		지라	개	갱		갱			캣		지	갠		지라	개	갱	
⦶			⦶			◉		i	◉	│		⦶			⦶			◉		i	◉	│	
덩			덩			쿵		기덕	쿵	따		덩			덩			쿵		기덕	쿵	따	
○			○			○			○			○			○			○			○		
덩			덩			덩			덩			덩			덩			덩			덩		
○												○											
징												징											

북넘기3

북넘기4

강하게

27												28											
1			2			3			4			1			2			3			4		
○		○		○		○		○		○		○	○		○	○		○		○			
갱		갱		갱		갱		갱		갱		개	갱		개	갱		캥		캥			
⦶		⦶		⦶		⦶		⦶		⦶		⦶	⦶		⦶	⦶		⦶		⦶			
덩		덩		덩		덩		덩		덩		덩	덩		덩	덩		덩		덩			
○		○		○		○		○		○		○	○		○	○		○		○			
덩		덩		덩		덩		덩		덩		덩	덩		덩	덩		덩		덩			
○						○						○											
징						징						징											

3명 모여치기

29												30											
1			2			3			4			1			2			3			4		
○			○	○		○		○				○			○	○				●			
갱			개	갱		캥		캥				갱			개	갱		(웃)		캑			
⦶			⦶	⦶		⦶		⦶				⦶			⦶	⦶				⦶			
덩			덩	덩		덩		덩				덩			덩	덩				덩			
○			○	○		○		○				○			○	○				○			
덩			덩	덩		덩		덩				덩			덩	덩				덩			
○												○											
징												징											

31												32											
1			2			3			4			1			2			3			4		
○		○	○		○	○		◦○	○	○		○	○		○		○	○		◦○	○	○	
갠		지	갠		지	갠		지라	개	갱		개	갱		갠		지	갠		지라	개	갱	
⦶		i	○	|		◐		i	◉	|		⦶		i	○	|		◐		i	◉	|	
덩		기덕	쿵	따		덩		기덕	쿵	따		덩		기덕	쿵	따		덩		기덕	쿵	따	
○			○			○			○			○			○			○			○		
덩			덩			덩			덩			덩			덩			덩			덩		
○												○											
징												징											

중앙의 3명 제자리로 돌아기기

33												34											
1			2			3			4			1			2			3			4		
○		○	○		○	○		○	●		○	○		○	●		○	○		○	●		○
갠		지	갠		지	갠		지	캣		지	갠		지	캣		지	갠		지	캣		지
⦶		i	○	|		◐		i	◉	|		⦶		i	○	|		◐		i	◉	|	
덩		기덕	쿵	따		덩		기덕	쿵	따		덩		기덕	쿵	따		덩		기덕	쿵	따	
○			○			○			○			○			○			○			○		
덩			덩			덩			덩			덩			덩			덩			덩		
○												○											
징												징											

돌면서 제자리로

<정간보 13> 열두째 마당

13) 덧배기굿

자진모리장단 보통 빠르게

마디		1												2											
박		1			2			3			4			1			2			3			4		
쇠	부호	○		○	○		○	○		∘○	○	○		○	○		○		○	○		∘○	○	○	
	구음	갠		지	갠		지	갠		지라	개	갱		개	갱		갠		지	갠		지라	개	갱	
장구	부호	⦶		i	○	|		◐		i	◉	|		⦶		i	○	|		◐		i	◉	|	
	구음	덩		기덕	쿵	따		덩		기덕	쿵	따		덩		기덕	쿵	따		덩		기덕	쿵	따	
북	부호	○						○	○					○						○	○				
	구음	덩						덩	덩					덩						덩	덩				
징	부호	○												○											
	구음	징												징											

원진대형으로

【*제1~2마디×여러 번】 네 명 중앙으로 점점 빠르게

3												4											
1			2			3			4			1			2			3			4		
●			●		●			●		●		●			●		●			●		●	
캑			캑		캑	(읏)		캑	(읏)	캑		캑			캑		캑	(읏)		캑	(읏)	캑	
⦶		i	○	|		◐		i	◉	|		⦶		i	○	|		◐		i	◉	|	
덩		기덕	쿵	따		덩		기덕	쿵	따		덩		기덕	쿵	따		덩		기덕	쿵	따	
○						○	○					○						○	○				
덩						덩	덩					덩						덩	덩				
○												○											
징												징											

5												6											
1			2			3			4			1			2			3			4		
●			●		●			●		●							○			○		○	
캑			캑		캑	(읏)		캑	(읏)	캑					(읏)		갱	(읏)		갱	(읏)	갱	
⦶		i	○	|		◐		i	◉	|		⦶		i	○	|		◐		i	◉	|	
덩		기덕	쿵	따		덩		기덕	쿵	따		덩		기덕	쿵	따		덩		기덕	쿵	따	
○						○	○					○						○	○				
덩						덩	덩					덩						덩	덩				
○												○											
징												징											

7												8											
1			2			3			4			1			2			3			4		
○	○		○		○	○		∘○	○	○												●	
개	갱		갠		지	갠		지라	개	갱											(웃)	캑	
⦶		i	○	|		◐		i	◉	|		⦶		i	○	|		◐		i	◉	|	
덩		기덕	쿵	따		덩		기덕	쿵	따		덩		기덕	쿵	따		덩		기덕	쿵	따	
○						○	○					○						○	○				
덩						덩	덩					덩						덩	덩				
○												○											
징												징											

9												10											
1			2			3			4			1			2			3			4		
●			●		●			●		●		●	●		●	●		●		●			
캑			캑		캐	(웃)		캑	(웃)	캑		캐	캑		캐	캑		캑		캐			
⦶		i	○	|		◐		i	◉	|		⦶		i	○	|		◐		i	◉	|	
덩		기덕	쿵	따		덩		기덕	쿵	따		덩		기덕	쿵	따		덩		기덕	쿵	따	
○						○	○					○						○	○				
덩						덩	덩					덩						덩	덩				
○												○											
징												징											

11												12											
1			2			3			4			1			2			3			4		
					○			○		○							○			○		○	
			(웃)		갱	(웃)		갱	(웃)	갱					(웃)		갱	(웃)		갱	(웃)	갱	
⦶		i	○	|		◐		i	◉	|		⦶		i	○	|		◐		i	◉	|	
덩		기덕	쿵	따		덩		기덕	쿵	따		덩		기덕	쿵	따		덩		기덕	쿵	따	
○						○	○					○						○	○				
덩						덩	덩					덩						덩	덩				
○												○											
징												징											

13												14											
1			2			3			4			1			2			3			4		
○	○		○	○		○		○	○	○	○	○	○	○	○	○	○	○	○	○	○	○	○
개	갱		개	갱		갱		개	갱	갱	갱	사	사	꾸	사	사	꾸	사	사	꾸	사	사	꾸
⦶		i	○	ǀ		◐		i	◉	ǀ		⦶		i	○	ǀ		◐		i	◉	ǀ	
덩		기덕	쿵	따		덩		기덕	쿵	따		덩		기덕	쿵	따		덩		기덕	쿵	따	
○						○	○					○						○	○				
덩						덩	덩					덩						덩	덩				
○												○											
징												징											

【*제14마디×회 정도】

15												16											
1			2			3			4			1			2			3			4		
○	○	○	○	○	○	○	○	○	○	○	○	○	○	○	○	○	○	○		●			
개	갠	지	개	갠	지	갠	지	갠	지	갠	지	개	갠	지	개	갠	지	갱		캑			
⦶	⦶		⦶	⦶		⦶		⦶		⦶		⦶	⦶		⦶	⦶		⦶		⦶			
덩	덩		덩	덩		덩		덩		덩		덩	덩		덩	덩		덩		덩			
○	○		○	○		○		○		○		○	○		○	○		○		○			
덩	덩		덩	덩		덩		덩		덩		덩	덩		덩	덩		덩		덩			
○												○											
징												징											

【*제15마디×3회】

17												18											
1			2			3			4			1			2			3			4		
○			○	○		○		●				○			○	○					●		
갱			개	갱		갱		캑				갱			개	갱		(웃)			캑		
⦶			⦶	⦶		⦶		⦶				⦶			⦶	⦶					⦶		
덩			덩	덩		덩		덩				덩			덩	덩		(웃)			덩		
○			○	○		○		○				○			○	○					○		
덩			덩	덩		덩		덩				덩			덩	덩		(웃)			덩		
○												○											
징												징											

19											
1			2			3			4		
○			●		○	○		◦○	○	○	
갱			캣		지	갠		지라	개	갱	
⦶			⦶			◐		i	◉	|	
덩			덩			덩		기덕	쿵	따	
○			○			○			○		
덩			덩			덩			덩		
○											
징											

북넘기1

20											
1			2			3			4		
○			●		○	○		◦○	○	○	
갱			캣		지	갠		지라	개	갱	
⦶			⦶			◐		i	◉	|	
덩			덩			덩		기덕	쿵	따	
○			○			○			○		
덩			덩			덩			덩		
○											
징											

북넘기2

21											
1			2			3			4		
○			●		○	○		◦○	○	○	
갱			캣		지	갠		지라	개	갱	
⦶			⦶			◐		i	◉	|	
덩			덩			덩		기덕	쿵	따	
○			○			○			○		
덩			덩			덩			덩		
○											
징											

북넘기3

22											
1			2			3			4		
○			●		○	○		◦○	○	○	
갱			캣		지	갠		지라	개	갱	
⦶			⦶			◐		i	◉	|	
덩			덩			덩		기덕	쿵	따	
○			○			○			○		
덩			덩			덩			덩		
○											
징											

북넘기4

23											
1			2			3			4		
○		○	○		○	○		◦○	○	○	
갠		지	갠		지	갠		지라	개	갱	
⦶		i	○	|		◐		i	◉	|	
덩		기덕	쿵	따		덩		기덕	쿵	따	
○			○			○			○		
덩			덩			덩			덩		
○											
징											

24											
1			2			3			4		
○	○		○		○	○		◦○	○	○	
개	갱		갠		지	갠		지라	개	갱	
⦶		i	○	|		◐		i	◉	|	
덩		기덕	쿵	따		덩		기덕	쿵	따	
○			○			○			○		
덩			덩			덩			덩		
○											
징											

【*제23~24마디×2회】

25												26											
1			2			3			4			1			2			3			4		
○		○	○		○	○		○	○		○	○		○	○		○	○		○	○		
캔		지	캔		지	캔		지	캔		지	캔		지	캔		지	캔		지	캥		
⦶			⦶			◉		i	◉			⦶			⦶			◉		i	◉		
덩			덩			쿵		기덕	쿵			덩			덩			쿵		기덕	쿵		
○			○			○			○			○			○			○			○		
덩			덩			덩			덩			덩			덩			덩			덩		
○												○											
징												징											

27												28											
1			2			3			4			1			2			3			4		
○		○	○			○		○	○			○		○	○			○		○	○		
캔		지	캥			캔		지	캥			캔		지	캥			캔		지	캥		
⦶			⦶			◉		i	◉			⦶			⦶			◉		i	◉		
덩			덩			쿵		기덕	쿵			덩			덩			쿵		기덕	쿵		
○			○			○			○			○			○			○			○		
덩			덩			덩			덩			덩			덩			덩			덩		
○												○											
징												징											

휘몰이장단 빠르게

29												30											
1			2			3			4			1			2			3			4		
○			○		○	○		○	○			◦○			○		○	○		○	○		
캥			캔		지	개		개	캥			지갱			캔		지	개		개	캥		
⦶			⦶			◉		i	◉			⦶			⦶			◉		i	◉		
덩			덩			쿵		기덕	쿵			덩			덩			쿵		기덕	쿵		
○			○			○			○			○			○			○			○		
덩			덩			덩			덩			덩			덩			덩			덩		
○												○											
징												징											

【*제27~28마디×여러 번】

매우 빠르게

31												32											
1			2			3			4			1			2			3			4		
○			○		○	○		○	○			∘○			○		○	○		○	●		
캥			캔		지	개		개	캥			개갱			캔		지	개		개	캑		
⦶			⦶			◉		i	◉			⦶			⦶			◉		i	◉		
덩			덩			쿵		기덕	쿵			덩			덩			쿵		기덕	쿵		
○			○			○			○			○			○			○			○		
덩			덩			덩			덩			덩			덩			덩			덩		
○												○											
징												징											

33												34											
1			2			3			4			1			2			3			4		
			○		○	○		○	●						○		○	○		○	○		
(웃)			캔		지	개		개	캑			(웃)			캔		지	개		개	캥		
i			○			◉		i	◉			i			○			◉		i	◉		
기덕			쿵			쿵		기덕	쿵			기덕			쿵			쿵		기덕	쿵		
○			○			○			○			○			○			○			○		
덩			덩			덩			덩			덩			덩			덩			덩		
○												○											
징												징											

【*제31마디×7회】

35												36											
1			2			3			4			1			2			3			4		
○	○				○	○			○			○	○				○	○			●		
개	갱		(웃)		개	갱			갱			개	갱		(웃)		개	갱			캑		
⦶			⦶			◉		i	◉			⦶			⦶			◉		i	◉		
덩			덩			쿵		기덕	쿵			덩			덩			쿵		기덕	쿵		
○			○			○			○			○			○			○			○		
덩			덩			덩			덩			덩			덩			덩			덩		
○												○											
징												징											

【*제33마디×7회】 3회 반복 시 안쪽 연풍대

37												38											
1			2			3			4			1			2			3			4		
			●						●						●						○		
(웃)			캑			(웃)			캑			(웃)			캑			(웃)			캥		
⦶			⦶			◉		i	◉			⦶			⦶			◉		i	◉		
덩			덩			쿵		기덕	쿵			덩			덩			쿵		기덕	쿵		
○			○			○			○			○			○			○			○		
덩			덩			덩			덩			덩			덩			덩			덩		
○												○											
징												징											

【*제35마디×3회】 바깥쪽 연풍대(안쪽 북 들기)

39												40											
1			2			3			4			1			2			3			4		
○		○	○		○	○		○	○		○	○		○	○		○	○		○	○		○
캔		지	캔		지	캔		지	캔		지	캔		지	캔		지	캔		지	캔		지
⦶	|		◉	|		○	|		◉	|		○	|		◉	|		○	|		◉	|	
덩	따		쿵	따		쿵	따		쿵	따		쿵	따		쿵	따		쿵	따		쿵	따	
○			○			○			○			○			○			○			○		
덩			덩			덩			덩			덩			덩			덩			덩		
○												○											
징												징											

점점 느리게 천천히

41												42											
1			2			3			4			1			2			3			4		
○	○		○	○		○		○		○		○	○		○	○		○			●		
지	갱		지	갱		캥		캥		캥		지	갱		지	갱		캥			캑		
○	|		◉	|		○	|		◉	|		○	|		◉	|		○			⦶		
쿵	따		쿵	따		쿵	따		쿵	따		쿵	따		쿵	따		쿵			덩		
○			○			○			○			○			○			○			○		
덩			덩			덩			덩			덩			덩			덩			덩		
○												○									○		
징												징									징		

<정간보 14> 인사굿

14) 인사굿

느리게

마디		1						2						3						4		
박		1			2			3			4			1			2			1		
쇠	부호	○	○		○	○		○	○	◦○	○	○	○	◦○		◦○	○	○		●		
	구음	갱	갱		갱	갱		갱	갱	지갱	갱	갱	갱	지갱		지갱	갱	갱		캑		
장구	부호				⦶	⦶		⦶			⦶			⦶			⦶			⦶		
	구음				덩	덩		덩			덩			덩			덩			덩		
북	부호				○			○			○			○			○			○		
	구음				덩			덩			덩			덩			덩			덩		
징	부호				○						○						○			○		
	구음				징						징						징			징		
																				인사		

2. 서양보

서양보에서는 외줄 타악기보를 이용하여 질굿과 인사굿을 포함한 열두 마당을 연행된 그대로 표기하였다. 여기에 사용된 장단보는 2001년 9월 2일, 대구문화예술회관 대극장에서 연행된 '제15회 날뫼북춤 정기공연'의 녹음자료를 바탕으로 하여 생략이나 첨가 없이 연행된 그대로 악보화하였다. 이 때 열두 마당을 서양보로 악보화하는 과정에서 당시 날뫼북춤의 수북이자 전수교육 보조자였던 이성재(1959년생)에 의하여 수차례 장단을 검토하거나 확인한바 있었다.

날뫼북춤의 장단을 서양보로 채보하였던 2001년 당시의 장단과 5년 가량 경과한 현재의 장단(앞장의 정간보)은 미묘한 차이가 있으나 역사적 사실을 위하여 당시의 연행된 내용을 그대로 표기하여 두었다. 구음방식으로 전수되는 풍물놀이의 경우 장단은 연행자의 상황에 따라 약간의 차이를 보이기도 하며 때로는 연행 당일의 상황이나 장소 등에 따라 변화를 보이기도 한다.

따라서 풍물놀이를 반복하여 연행하였을 경우 정확하게 꼭 같은 연행이 이루어지지 않는 것이며 꼭 같이 연행하여야 한다는 것에 큰 의미를 두지 않는다. 오히려 즉흥성을 가미하여 마당이나 장단의 길이를 가감하여 연행하는 것이 풍물놀이의 특징이라 할 수 있다.

<서양보 1> 질 굿

1) 질 굿

열림굿 다드래기 장단 (쇠, 장구, 징은 무대에서 북은 무대 뒤에서 연주)

질 굿 북잡이 입장 (발을 맞추지 않고)

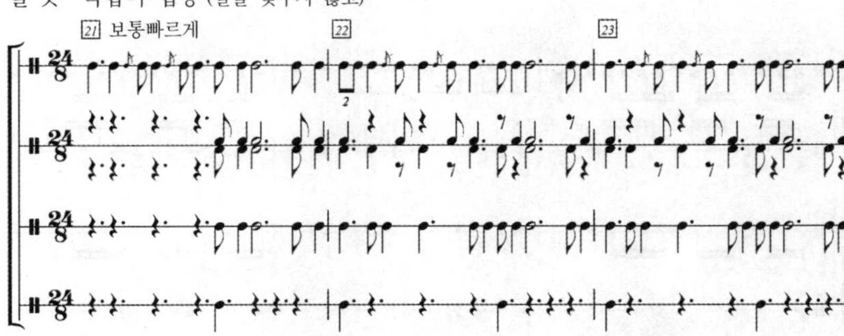

길군악

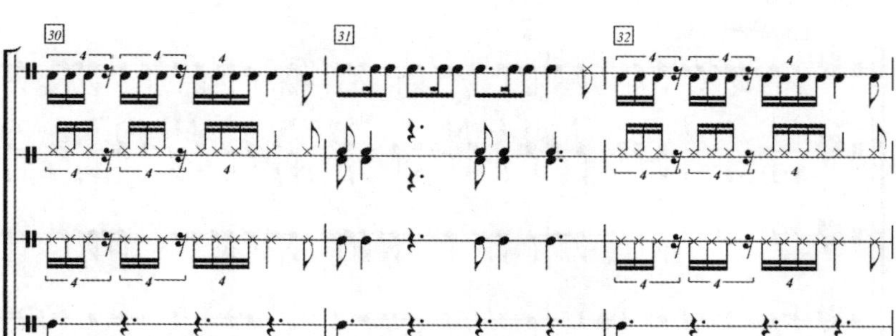

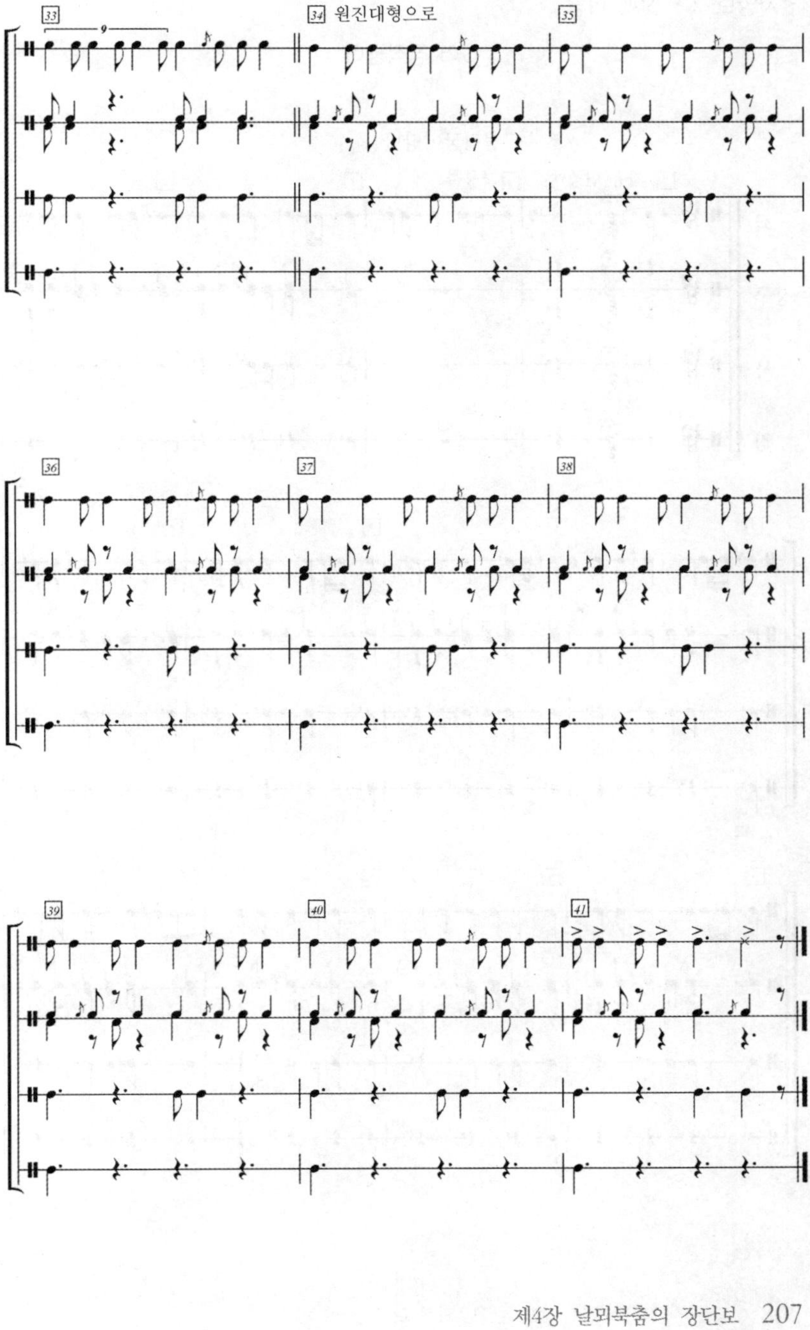
33
9
34 원진대형으로
35
36
37
38
39
40
41

<사양보 2> 첫째 마당

2) 정적궁이

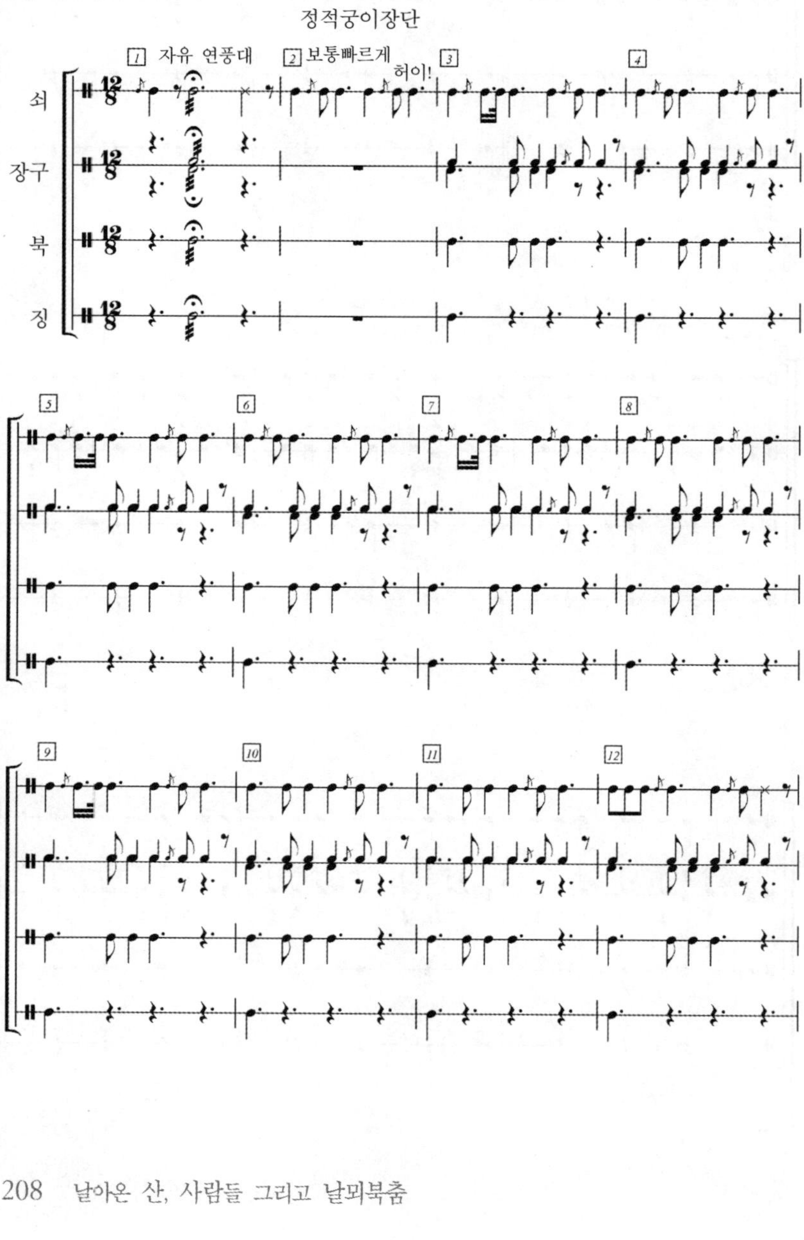

13 북넘기 1
14 북넘기 2
15 북넘기 3
16 북넘기 4

17 점점빠르게
18
19
20

21 조금빠르게
22
23
24
25

26 북넘기 1
27 북넘기 2
28 북넘기 3
29 북넘기 4

30
31
32
33

<서양보 3> 둘째 마당

3) 반직굿

자진모리장단

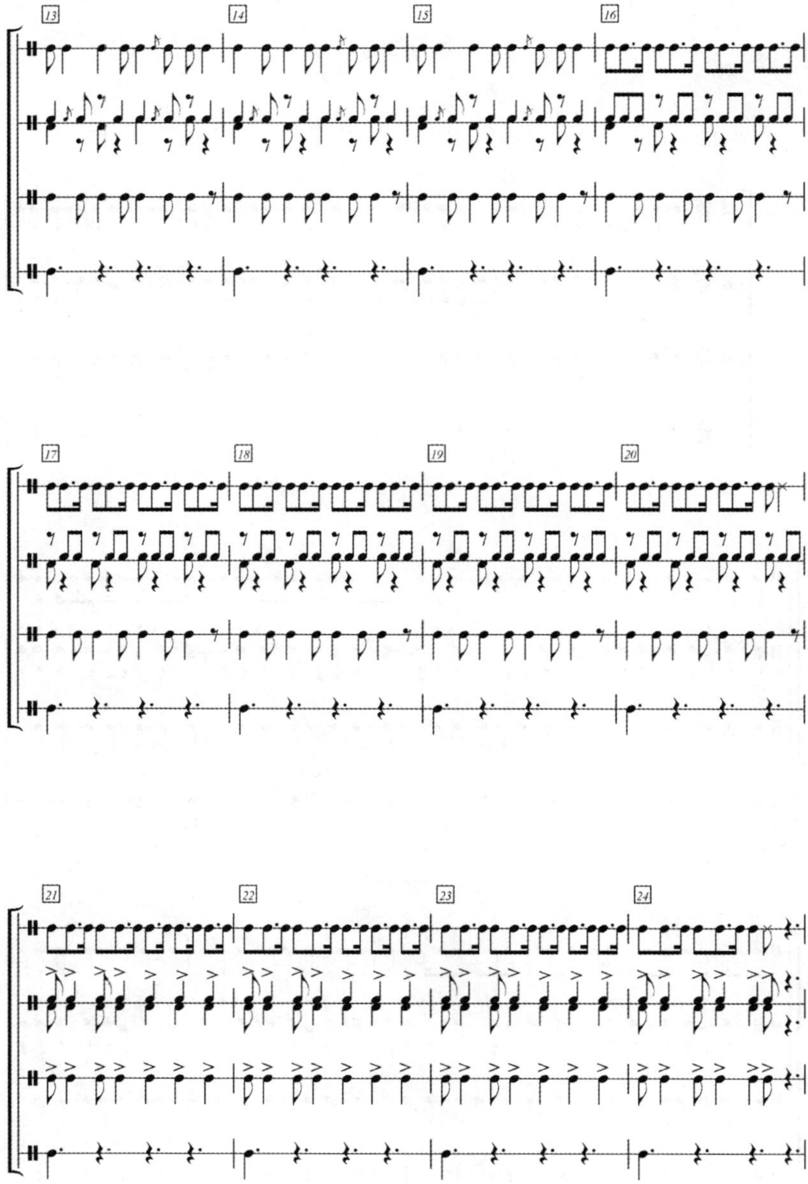
13
14
15
16
17
18
19
20
21
22
23
24

25
26
27
28
29
30
31
32
33
34
35
36

37
38
허이!
39 연풍대 1
ff

40 연풍대 2
41 연풍대 3
42 앉을상 1
43 앉을상 2
채 발림
채 발림

44 북넘기 1
45 북넘기 2
46 북넘기 3
47 북넘기 4

<서양보 4> 셋째 마당

4) 엎어빼기

13 북넘기 1
14 북넘기 2
15 앉을상 1
16 앉을상 2
17 북넘기
채 발림
채 발림

<서양보 5> 넷째 마당

5) 다드래기

13
14
15
16

17
18
19
20

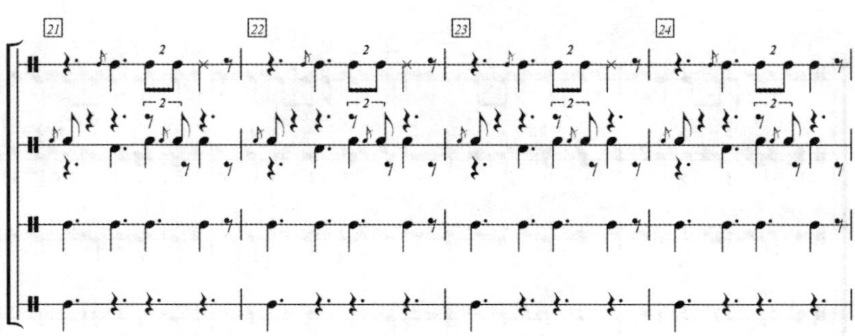
21
22
23
24

25
26
27
28

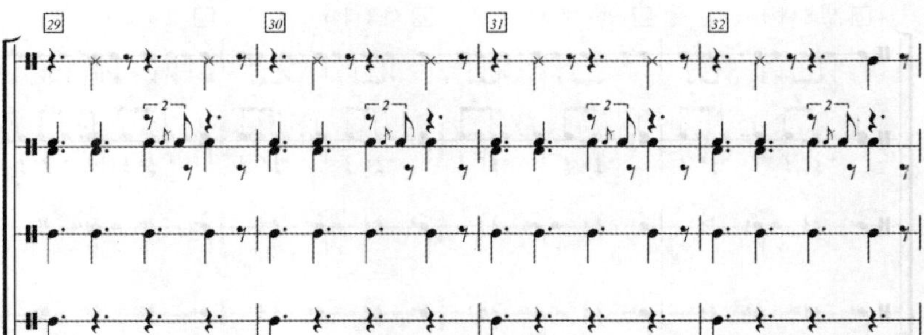
29
30
31
32

33
34
35
36

37
38
39
40

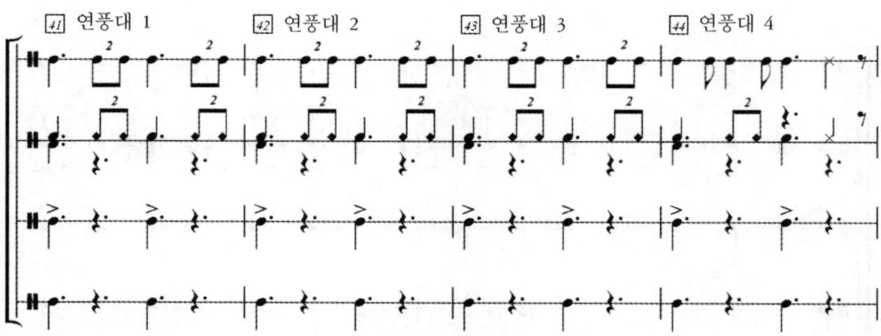
41 연풍대 1
42 연풍대 2
43 연풍대 3
44 연풍대 4

45 총총걸음으로
46
47
48
강약없이

49 겹걸음뛰기
50
51
52

53
54 태극진 대형으로
55
56

57
58
59
60

61
62
63
64
65

원진대형으로
66
67 연풍대 1
68 연풍대 2
69 연풍대 3
70 연풍대 4

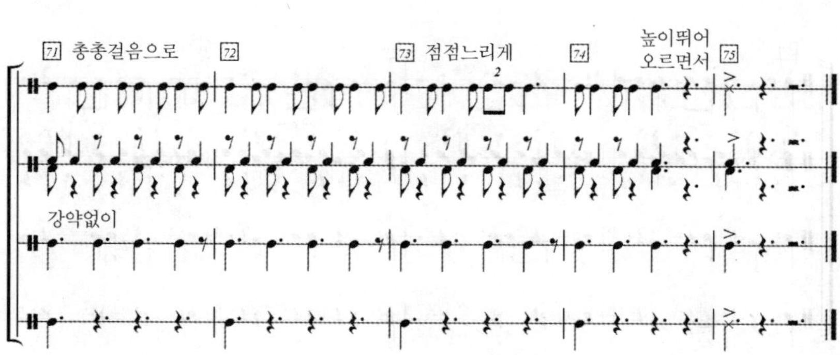
71 총총걸음으로
72
73 점점느리게
74
높이뛰어
오르면서
75
강약없이

<서양보 6> 다섯째 마당

6) 강강술래

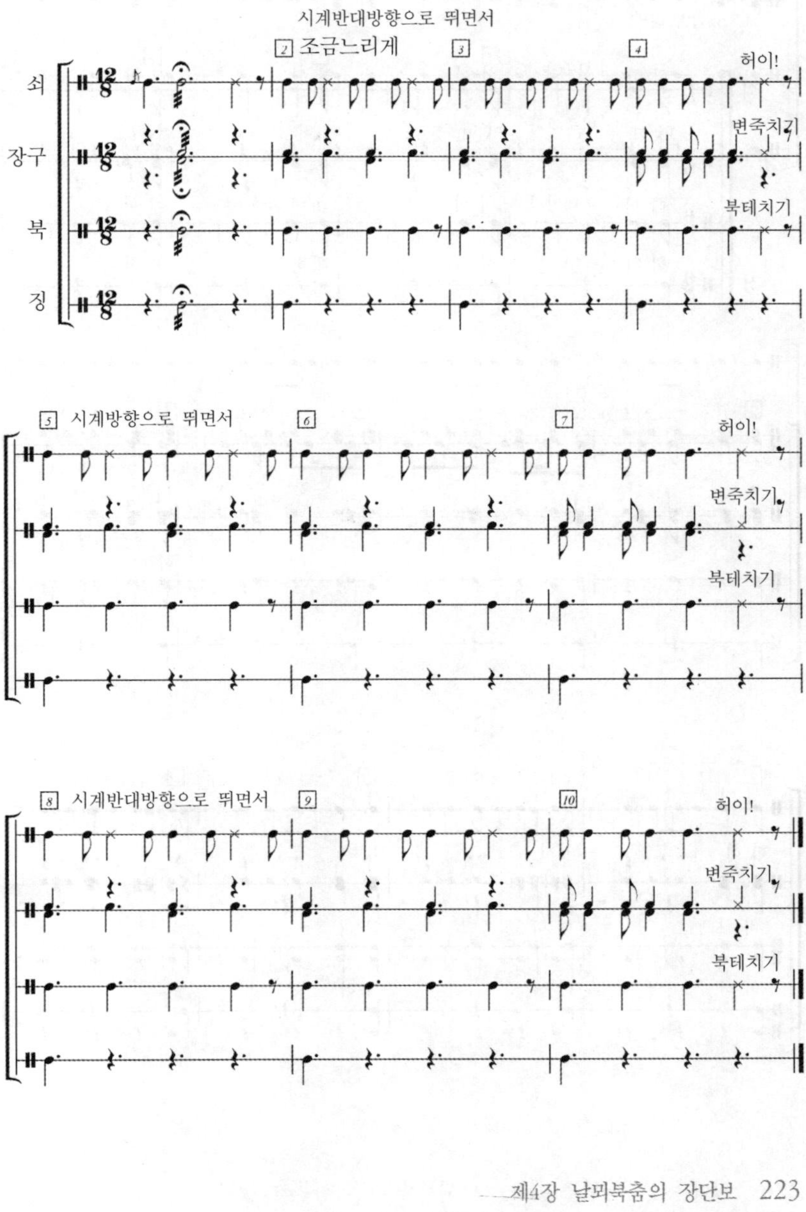

<서양보 7> 여섯째 마당

7) 허허굿

조금느리게

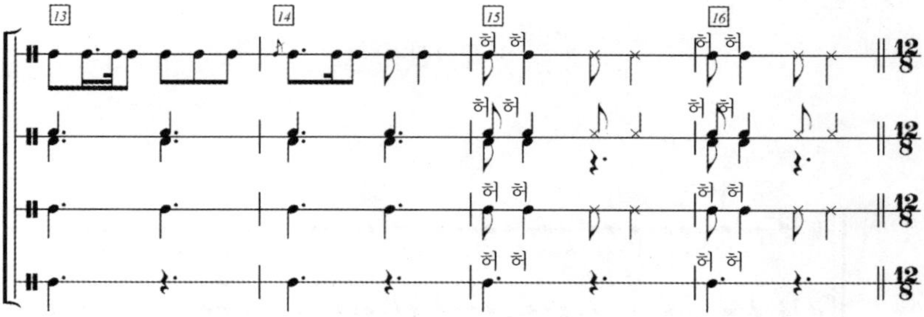

자진모리장단

<서양보 8> 일곱째 마당

8) 오방진

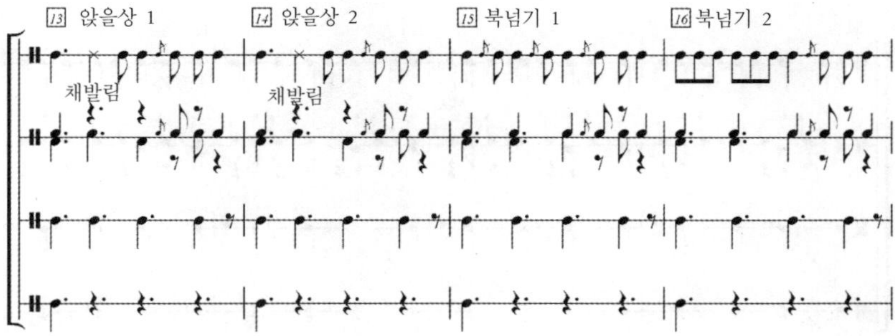
13 앉을상 1
14 앉을상 2
15 북넘기 1
16 북넘기 2
채발림
채발림

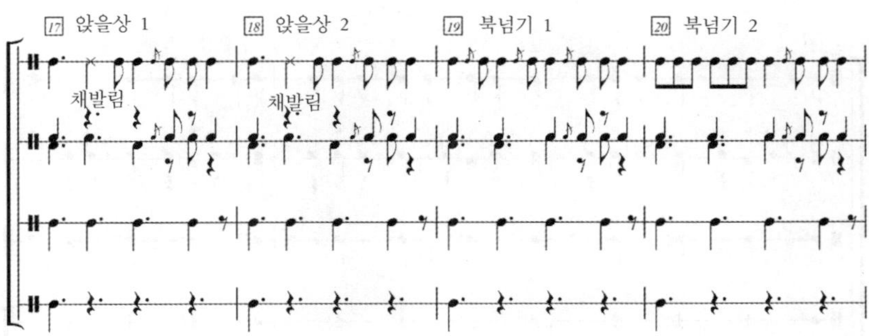
17 앉을상 1
18 앉을상 2
19 북넘기 1
20 북넘기 2
채발림
채발림

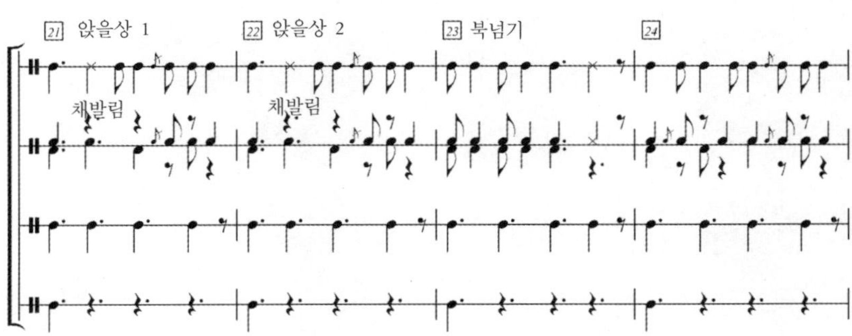
21 앉을상 1
22 앉을상 2
23 북넘기
24
채발림
채발림

25
26
27
28

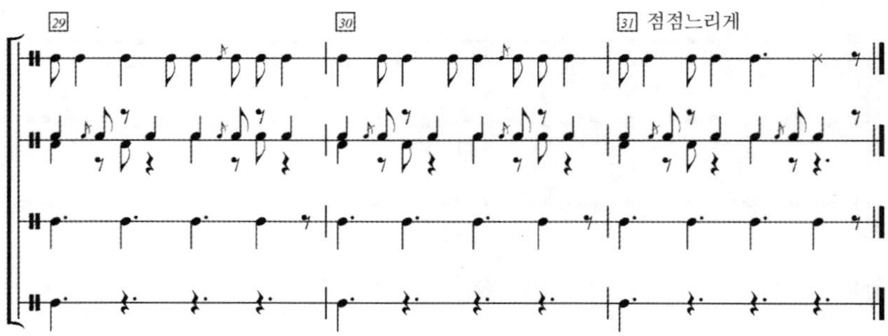
29
30
31 점점느리게

<서양보 9> 여덟째 마당

9) 모듬굿

13 제자리에 서서
14
15
16
허이!

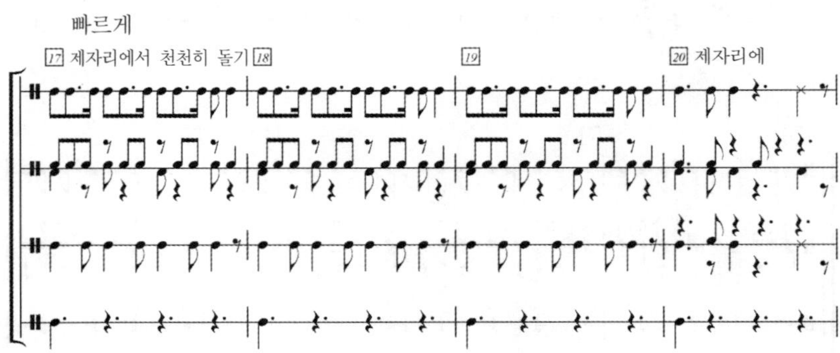
빠르게
17 제자리에서 천천히 돌기
18
19
20 제자리에

21 제자리에 걸음으로
22
23
24

25
26
27
28

29
30 중앙에 모여서
31 뒤로 물러나면서
32
33
ff

<서양보 10> 아홉째 마당

10) 개인가락

북 개인가락 1

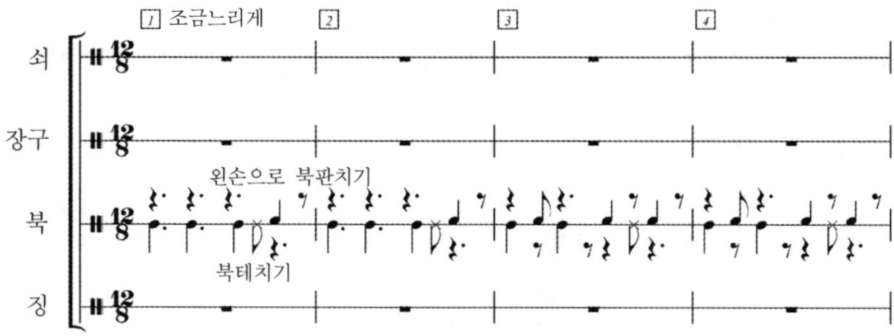

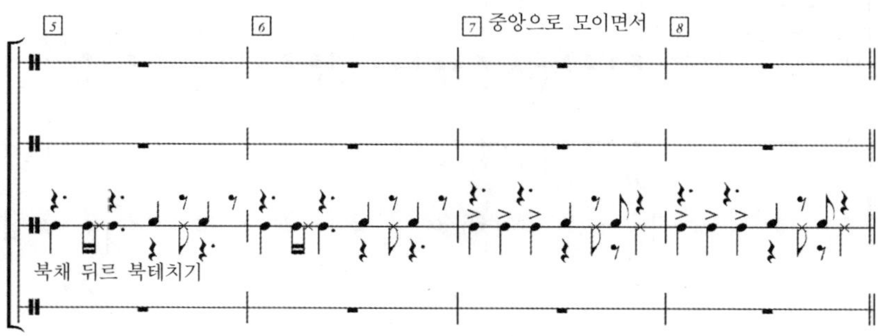

북 개인가락 2

북 개인가락 3

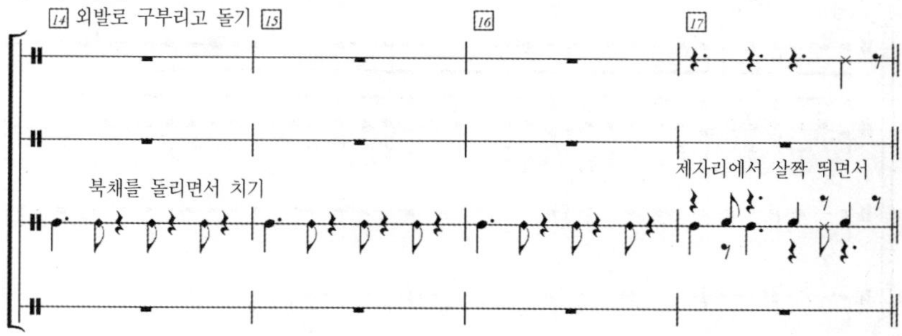

자진모리장단 빠르게

26
27
28

29 오른발 앞으로 내면서
30
31
32
ff
ff
ff
ff

33 북넘기 1
34 북넘기 2
35 북넘기 3
36 북넘기 4

37 자진모리장단
38
39
40

<서양보 11> 열째 마당

11) 살풀이굿

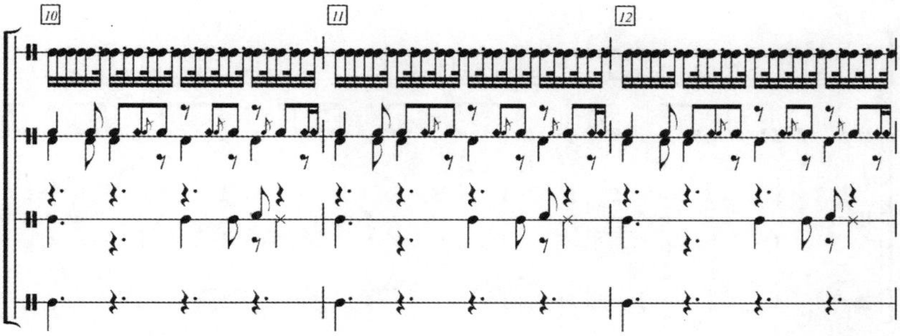
10
11
12

13
14 몰우기
좋~다!
15 제자리에서 한바퀴 돌기

16
17
18

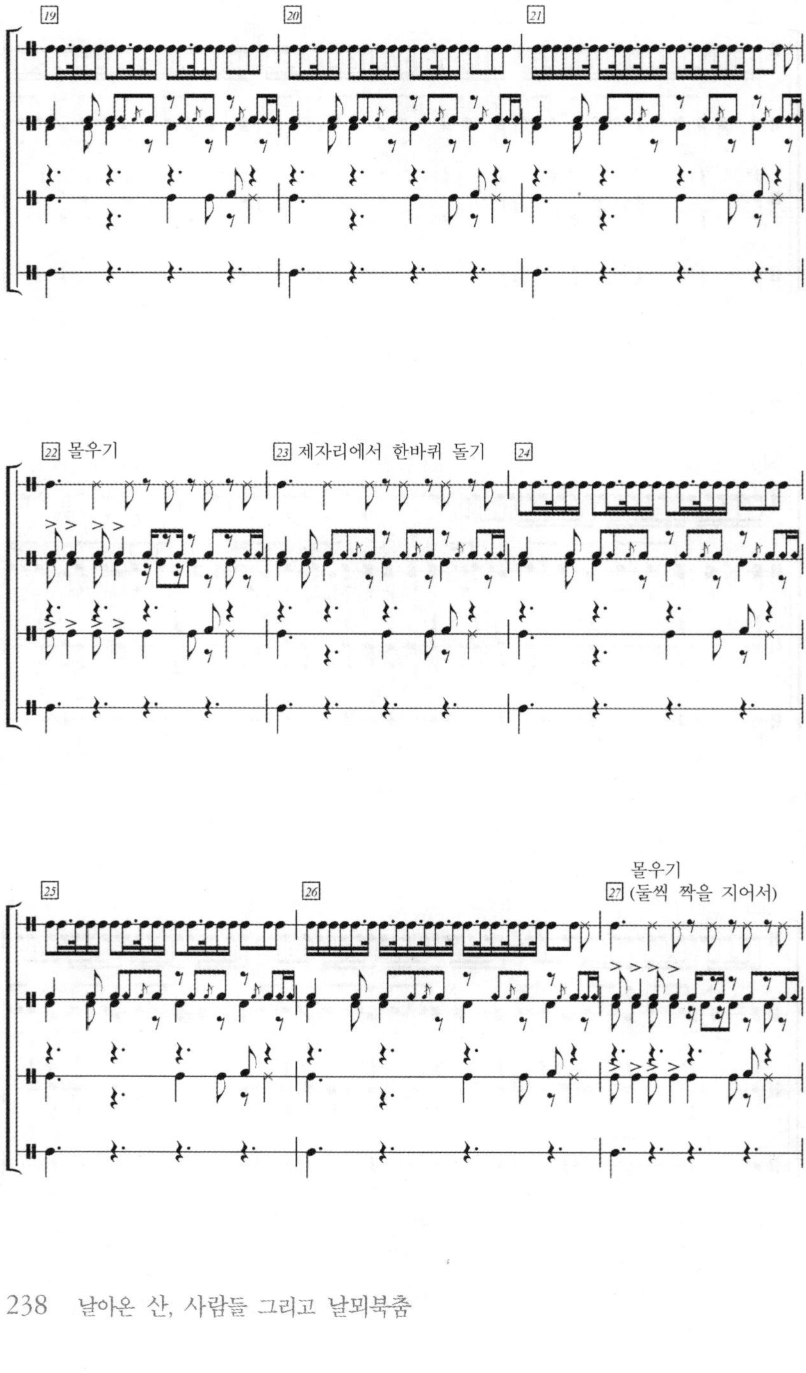
19
20
21
22 몰우기
23 제자리에서 한바퀴 돌기
24
25
26
몰우기
27 (둘씩 짝을 지어서)

2인 옆 얼우기
28 (앉으며 좌 옆으로)
29 (앉으며 우 옆으로)
허이!
30 몰우기

2인 옆 얼우기
31 (일어서며 좌 옆으로)
32 (일어서며 우 옆으로)
33 2명 원형으로 돌기

34
35 제자리에
36

37
38
39

40
41
42

43 몰우기
44 제자리에서 한바퀴 돌기
45

몰우기
46
47 중앙에 6명씩 모이면서
48

49 제자리에서 한바퀴 돌기
50 두 개의 원진으로
51

52
53
54

55 두 줄로 이어 들어오기
56
57

58
59
60

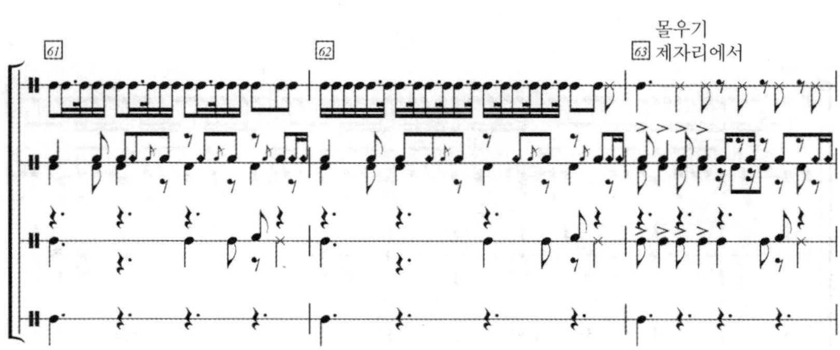
61
62
몰우기
63 제자리에서

64 제자리에서 한바퀴 돌기
65 두줄 서로 마주보기
66

몰우기
67 오른발 앞으로 내디디며
2줄 옆 얼우기
68 (앉으며 좌 옆으로)
69 (앉으며 우 옆으로)

몰우기
70 (가운데서)
얼우기
71 (일어서며 좌 옆으로)
72 (일어서며 우 옆으로)

73 뒤로 물러나기
74
75

<서양보 12> 열한째 마당

12) 개인놀이

굿거리장단 느리게

10
11
12
13
14
15
허이!
16 3명 몰우기
17 3명 얼우기
18

자진모리장단
19
20
21 조금빠르게
22
23 개인묘기 펼치기
24
25
26
27
28
29
30

31
32
33 점점빠르게
34

35
36
37
38

39
40
41
42

43
44
45 빠르게
46

47
48
49 3명 모여 치기
50
51

52 발 바꾸기
53 북넘기
54 앉을상
채 발림
55 북넘기 1
56 북넘기 2

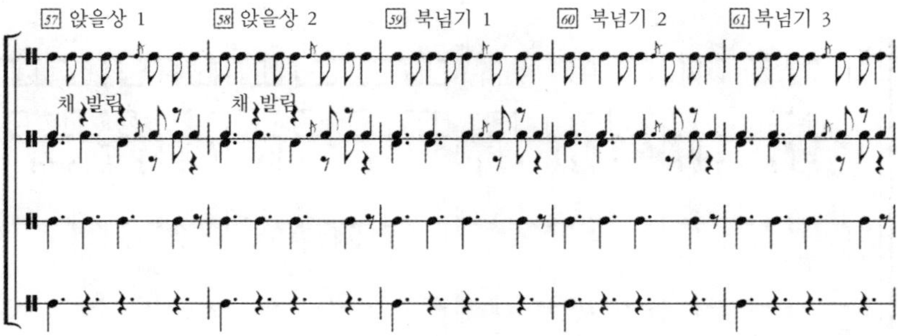
57 앉을상 1
58 앉을상 2
59 북넘기 1
60 북넘기 2
61 북넘기 3
채 발림
채 발림

62 북넘기 4
63 3명 모여 치기
64
65
66

67 3명 뒤로 물러나기
68
69
70

<서양보 13> 열두째 마당

13) 덧배기굿

자진모리장단 조금빠르게

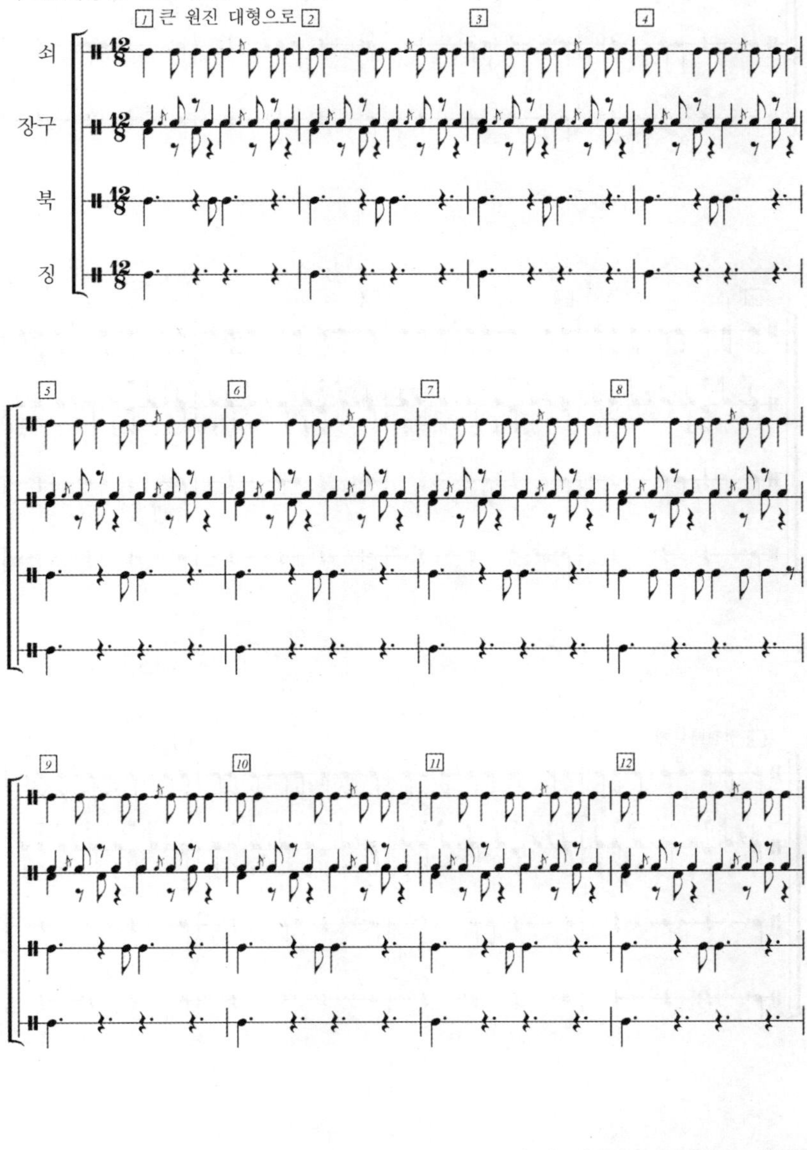

13
14 네명은 중앙으로
15
16

17
18
19
20

21 점점빠르게
22
23
24

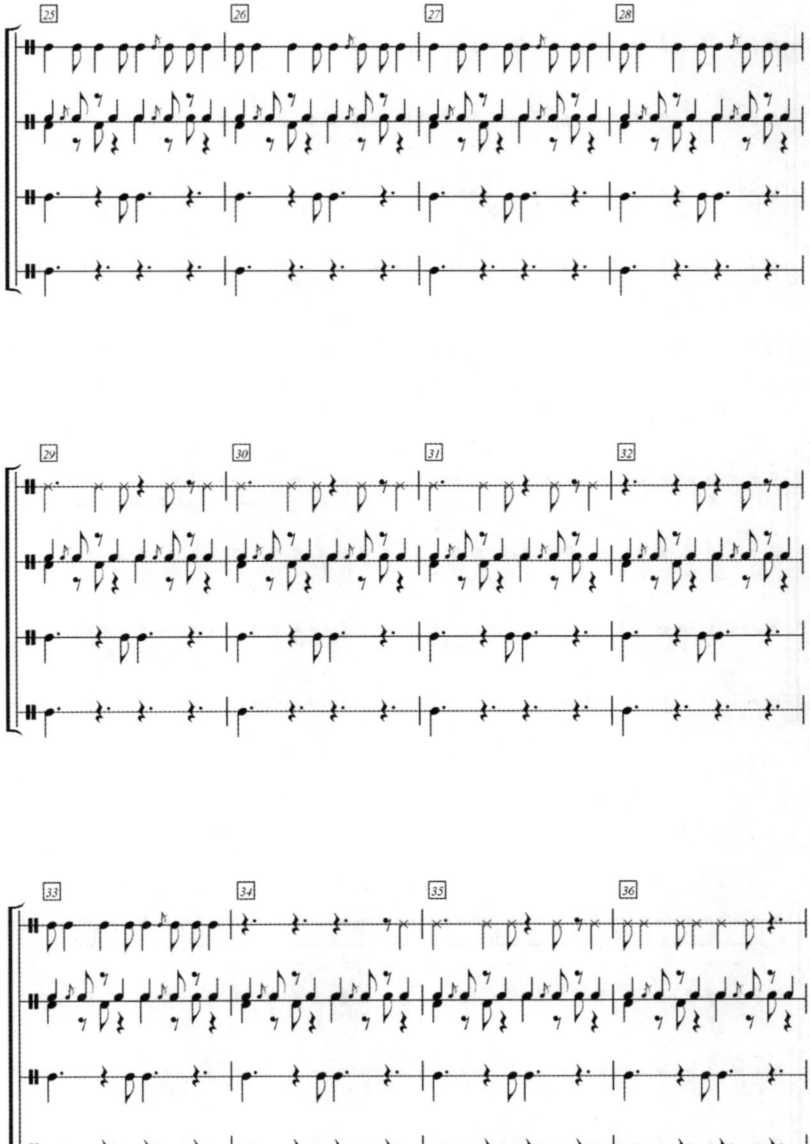
25
26
27
28
29
30
31
32
33
34
35
36

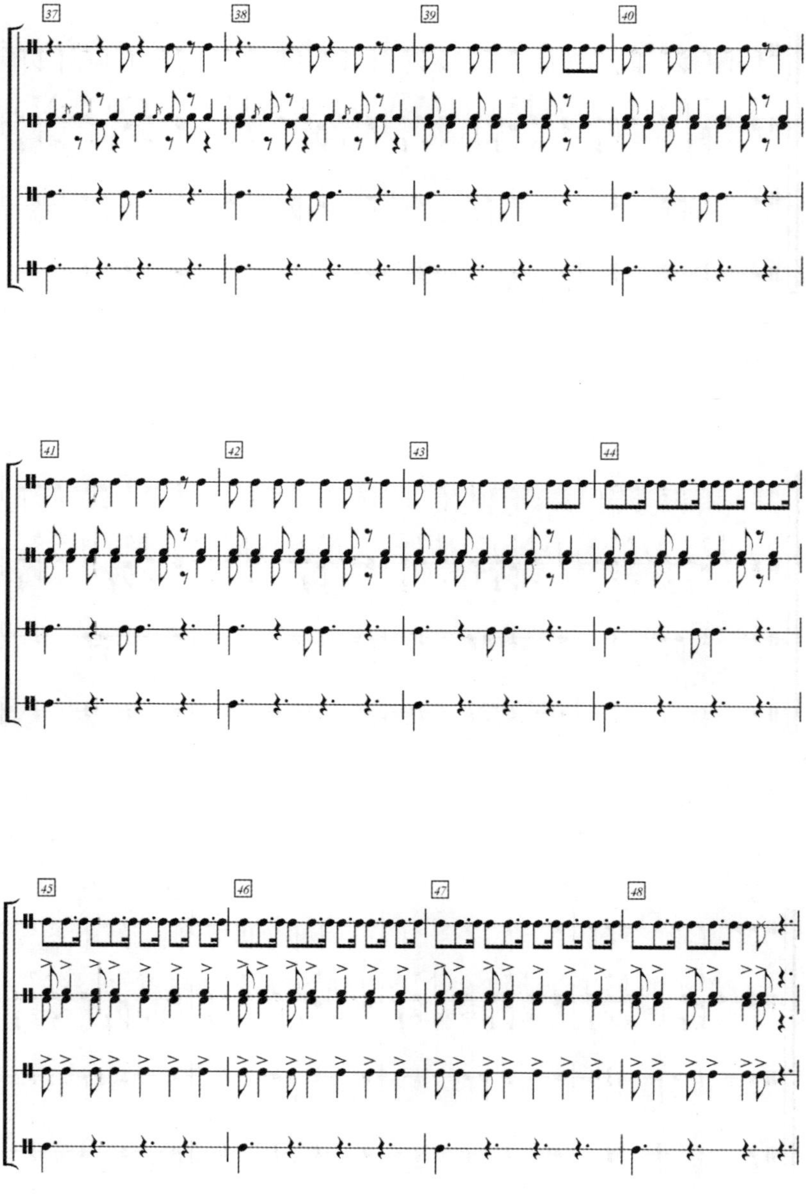
37
38
39
40
41
42
43
44
45
46
47
48

49
50
51 북넘기 1
52 북넘기 2

53 북넘기 3
54 북넘기 4
55
56

휘몰이장단
57
58
59 빠르게
60

61
62
63
64
65
66
67
68
69
70
71 매우빠르게
72

73
74
75
76

77
78
79
80

81
82
83
84

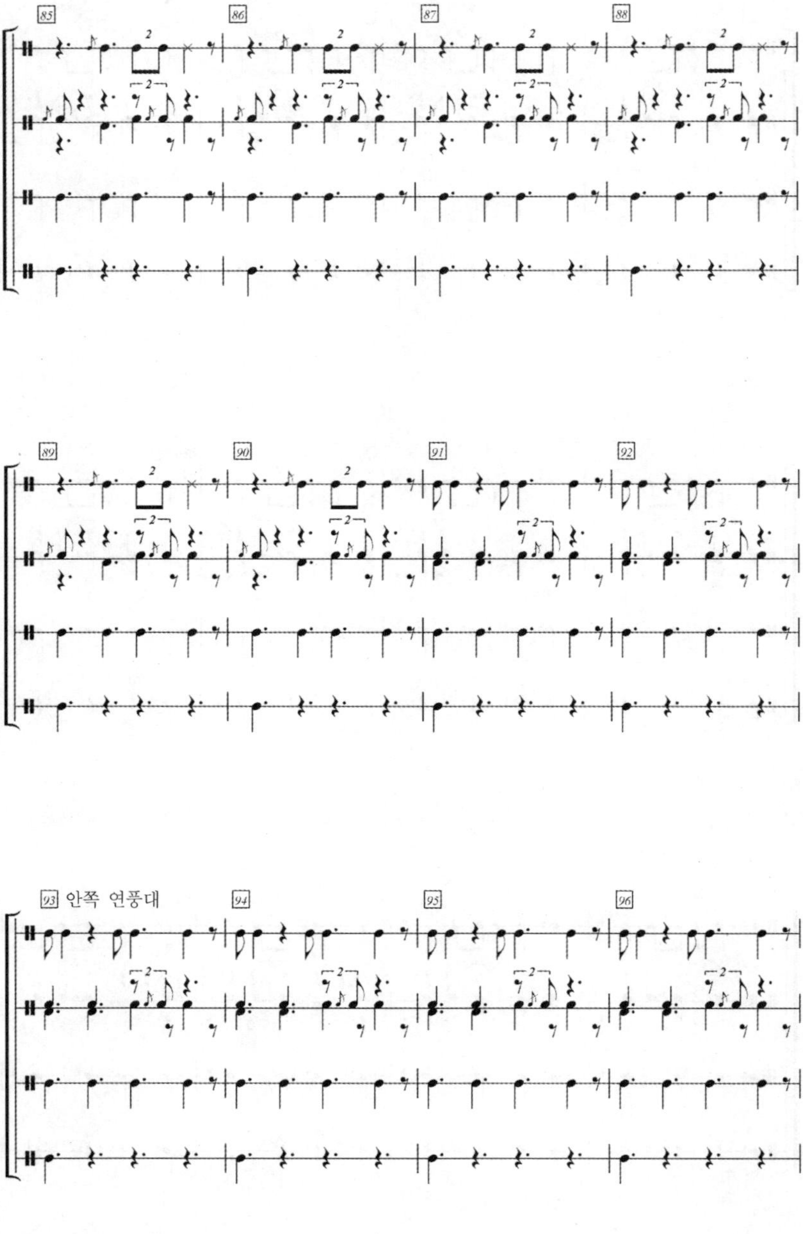
85
86
87
88
89
90
91
92
93 안쪽 연풍대
94
95
96

바깥쪽 연풍대
안쪽 북들기
점점느리게

<서양보 14> 인사굿

14) **인사굿**

지은이 유 대 안

1961년생
계명대학교 작곡과 및 동대학원 작곡과 졸업.
계명대학교 대학원 음악학 박사(Ph. D).
이탈리아 C.S.M. Accademia Diploma.
현재, 계명대학교, 대구교육대학교, 대구한의대학교 대학원 출강.

- 주요활동

영남작곡가협회 이사, 대구작곡가협회 감사, 대구광역시 합창연합회 이사, 한국성가협회 회원, 우리가곡연구회 회원.
세계음악학회 감사, 한국음악사학회 회원, 민족음악학회 회원.

- 주요작품

관현악곡 : "소묘Ⅰ(DesignⅠ)" (1986년), "소묘Ⅱ(DesignⅡ)" (1990년)
전자음악 : "일출(日出)" (1993년) 외 다수
기악곡 : "Image" for Oboe, Violin and Cello(1999년) 외 다수
합창곡 : "가는 시간"(1999년) 외 다수
가곡 : "그리운 독도"(2005년) 외 다수

- 저 서

『음악의 이해와 즐거움』 경산대학교 출판부(2001년)

- 논 문

「날뫼북춤의 장단연구」(2004년, 학위논문)
「향토작곡가의 생애와 작품」(2004년)

날아온 산, 사람들 그리고 날뫼북춤　　계명영남학총서 2

인쇄 | 2006년 7월 20일
발행 | 2006년 7월 25일
저　자 | 유대안
펴낸이 | 이진우
펴낸곳 | 계명대학교출판부
704-701 대구시 달서구 신당동 1000번지
전화 053-580-6233　팩스 053-583-5213
등록 | 1970. 9. 1. (신고번호 제347-1998-1호)

ISBN　89-7585-366-7　93680

값 13,000원